全国技工院校汽车维修专业模块化教材
（中级技能层级）

U0857978

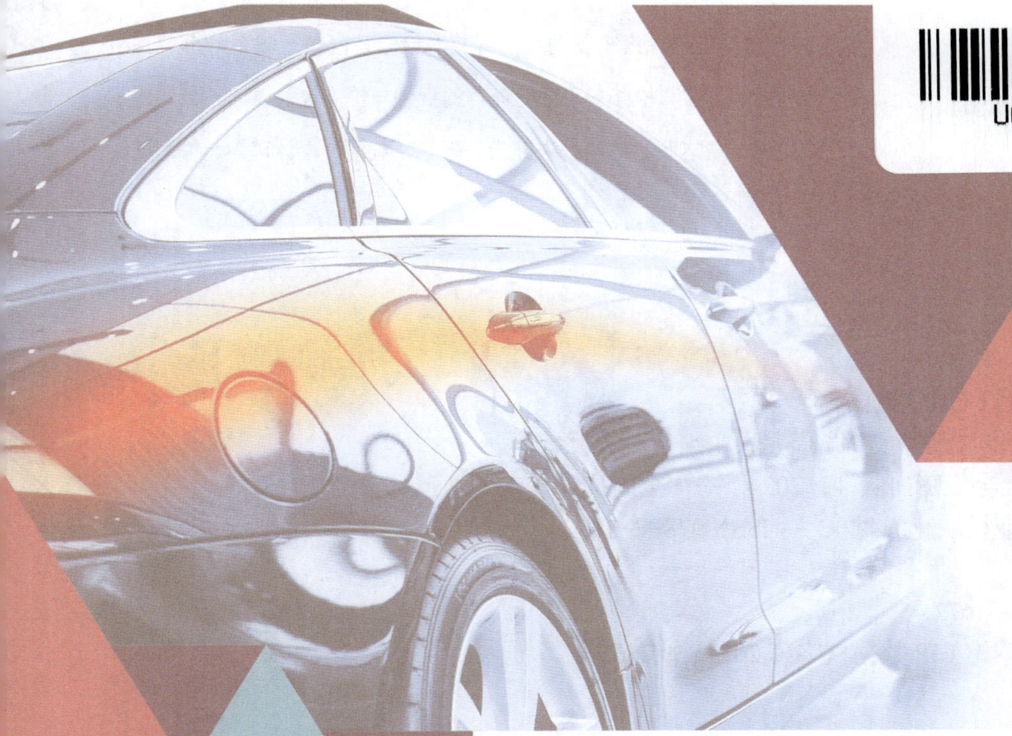

汽车底盘拆装与维修实训

（第二版）

周兆禹◎主编

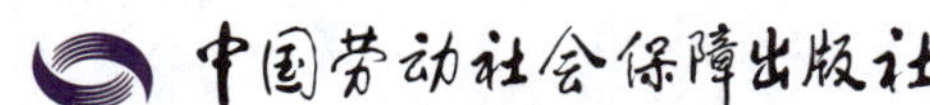

简介

本书主要内容包括汽车底盘的总体构造与维护、汽车制动系的拆装与检修、汽车行驶系的拆装与检修、汽车转向系的拆装与检修、汽车传动系的拆装与检修、手动变速器的拆装与检修等。

本书由周兆禹任主编，姜海朋任副主编，董志明、刘翔、朱健云、张春、黄河、李沐瑾参与编写。

图书在版编目（CIP）数据

汽车底盘拆装与维修实训 / 周兆禹主编 . --2 版 . 北京 : 中国劳动社会保障出版社，2024. --（全国技工院校汽车维修专业模块化教材）. -- ISBN 978-7-5167-6555-5

Ⅰ. U463.106；U472.41

中国国家版本馆 CIP 数据核字第 2024Y59V66 号

中国劳动社会保障出版社出版发行

（北京市惠新东街 1 号　邮政编码：100029）

*

保定市中画美凯印刷有限公司印刷装订　　新华书店经销

787 毫米 ×1092 毫米　16 开本　11 印张　209 千字

2024 年 8 月第 2 版　　2024 年 8 月第 1 次印刷

定价：28.00 元

营销中心电话：400-606-6496

出版社网址：http://www.class.com.cn

http://jg.class.com.cn

版权专有　　侵权必究

如有印装差错，请与本社联系调换：（010）81211666

我社将与版权执法机关配合，大力打击盗印、销售和使用盗版图书活动，敬请广大读者协助举报，经查实将给予举报者奖励。

举报电话：（010）64954652

前言

为了适应汽车行业的发展现状，更好地满足全国技工院校汽车维修专业的教学需求，全面提升教学质量，我们组织全国有关学校的一线教师和行业、企业专家，在充分调研企业用人需求和学校教学情况、吸收借鉴各地技工院校教学改革的成功经验的基础上，根据人力资源社会保障部颁布的《全国技工院校专业目录》及相关教学文件，对全国技工院校汽车维修专业教材进行了修订和新编。

本次修订（新编）工作的重点主要有以下几个方面。

科学规划教学模块

本套教材采用“模块化”体系构建，划分为基础模块、发动机模块、底盘模块、电气模块、维护与诊断模块、选修模块等六大模块，教学操作性好，可满足技工院校汽车维修专业的教学需求。

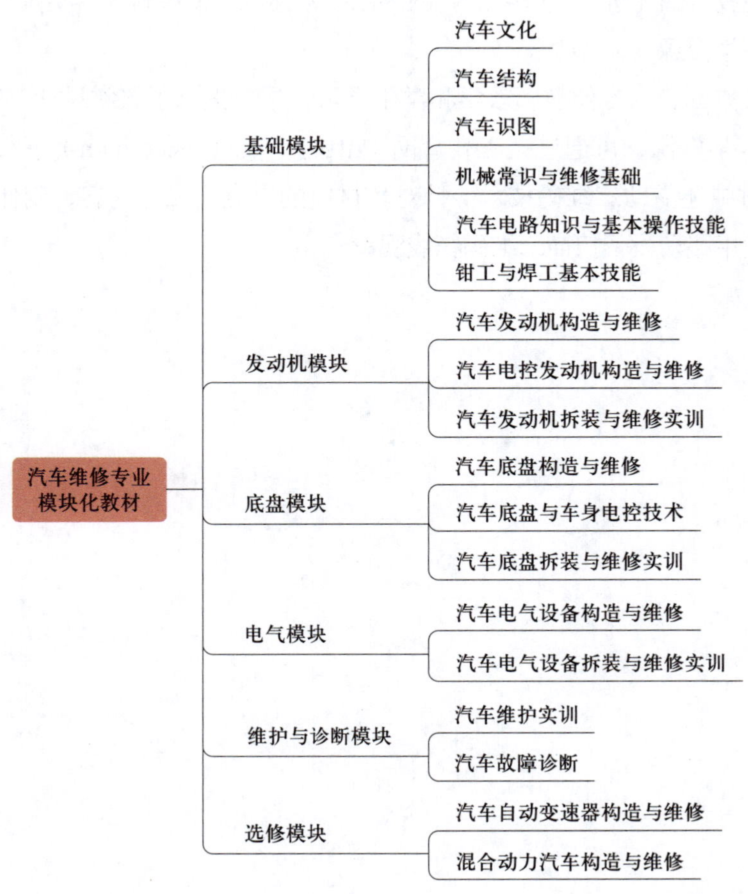

突出职业教育特色

坚持以能力为本位，突出职业教育特色。通过行业、企业调研，掌握企业对汽车维修专业人才的岗位需求和技能要求，确定人才培养目标，构建科学合理的课程体系。根据课程教学目标，合理确定学生应具备的知识与能力结构；充分考虑企业生产实际，选择当前市面上广泛使用的汽车车型进行教学。

根据汽车维修专业毕业生就业岗位的实际需要和行业发展趋势，合理确定学生应具备的能力和知识结构，对教材内容及其深度、广度、难度进行了调整。同时，进一步突出实际应用能力的培养，以满足社会对技能型人才的需求。

创新教材内容形式

在编写模式上，根据技工院校学生认知规律，以完成具体工作任务为主线组织教材内容，将理论知识的讲解与工作任务载体有机结合，激发学生的学习兴趣，提高学生的实践能力。

在教材内容的表现形式上，较多地利用实物照片和表格等形式将知识点生动地展示出来，力求让学生更直观地理解和掌握所学内容。部分教材采用四色印刷，图文并茂，增强了教材内容的表现效果，提高了教材的可读性，更符合学生的阅读习惯。

根据相关专业领域的最新发展，在教材中充实新知识、新技术、新设备、新材料等方面的内容，体现教材的先进性。采用最新的国家技术标准，使教材内容更加科学和规范。

提供丰富教学资源

在教学服务方面，为方便教师教学和学生学习，配套提供了教学设计方案、电子课件、习题册答案等教学资源，可通过技工教育网（http：//jg.class.com.cn）下载使用。除此之外，在部分教材中还借助二维码技术，针对教材中的重点、难点内容，制作了微视频等多媒体资源，可使用移动设备扫描二维码在线观看。

编者

2024 年 6 月

目　录

模块一
汽车底盘的总体构造与维护

任务1 汽车底盘总体构造的认知

实训目标

1. 能描述汽车底盘的作用和组成。
2. 能说出汽车底盘各部件的名称。

实训器材

1. 实训车辆。
2. 维修手册。

知识讲解

一、汽车底盘的作用和组成

汽车底盘的作用是支撑、安装汽车发动机及其各部件、总成，形成汽车的整体造型，并接受动力系统（发动机）提供的动力，使汽车产生运动，保证正常行驶。

汽车底盘由传动系、行驶系、转向系和制动系四大部分组成。

汽车底盘

二、传动系

1. 作用

将发动机输出的动力传递给汽车的驱动车轮，产生驱动力，使汽车能以一定速度行驶。传动系具有变速、倒车、切断动力、轮间差速和轴间差速等功能，与发动机配合工作，能保证汽车在各种工况条件下正常行驶，并具有良好的动力性和经济性。

2. 组成

机械式传动系主要由离合器、手动变速器、万向传动装置（万向节和传动轴）和驱动桥组成。液力机械式传动系主要由自动变速器、万向传动装置和驱动桥组成。

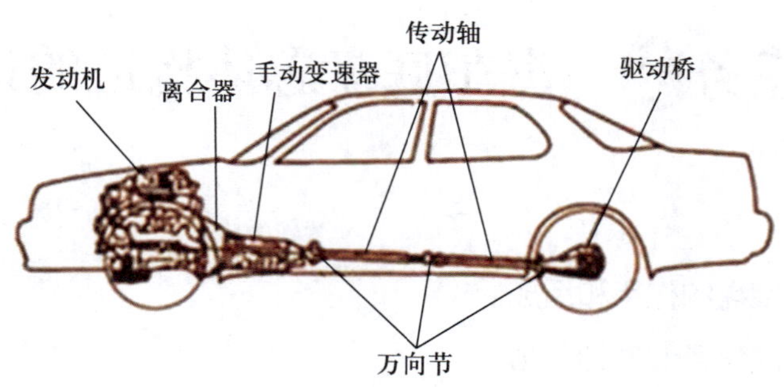

机械式传动系的组成及布置示意图

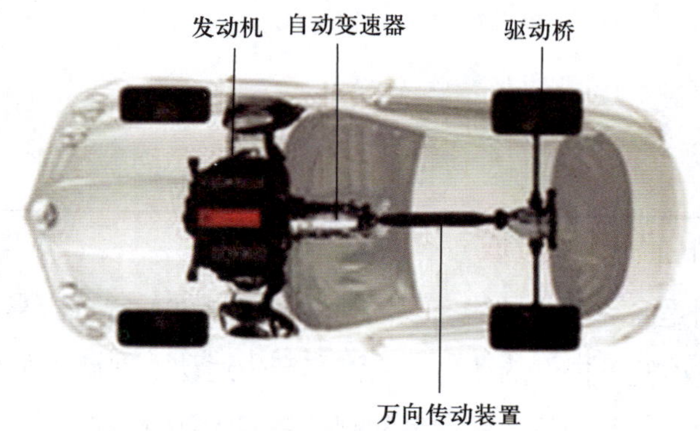

液力机械式传动系的组成及布置示意图

三、行驶系

1. 作用

接受由发动机经传动系传来的转矩，并通过驱动车轮与路面的附着作用，产生驱动力，以保证汽车正常行驶；承受并传递路面作用于车轮上的各种反作用力及其所形成的力矩；尽可能地缓和不平路面对车身造成的冲击和振动，保证汽车行驶平顺。

2. 组成

行驶系一般由车架、车桥、车轮和悬架等组成。

行驶系的组成

四、转向系

1. 作用

保证汽车能够按照驾驶员选择的方向行驶。

2. 组成

转向系由转向操纵机构、转向器和转向助力机构三部分组成。

（1）转向操纵机构：包括转向盘、转向柱、护罩、转向传动轴等。

（2）转向器：包括转向动力缸、护罩、转向横拉杆和转向球头等，用于将转向盘的转动变换为齿条的直线往复运动，并对转向操纵力进行放大。

（3）转向助力机构：包括储油罐、转向助力泵、回油管等，用于将转向器产生的力和运动传递给转向轮，确保车轮按预期方向转动。

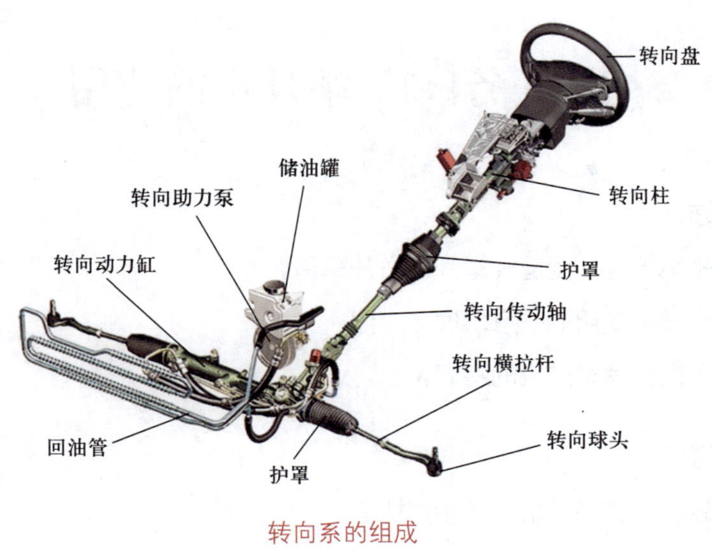

转向系的组成

五、制动系

1. 作用

使行驶中的汽车按照驾驶员的要求进行减速、停车，使已停驶的汽车在各种道路条件下稳定驻车。

2. 组成

制动系主要由供能装置、控制装置、传动装置和制动器四部分组成。

（1）供能装置：供给、调节制动所需能量以及改善传动介质状态的部件，如液压制动系中的储液罐。

（2）控制装置：产生制动动作、控制制动效果的部件，如制动踏板。

（3）传动装置：将制动能量传输到制动器的部件，如制动主缸、制动轮缸。

（4）制动器：产生阻碍车辆运动或运动趋势的力（制动力）的部件。

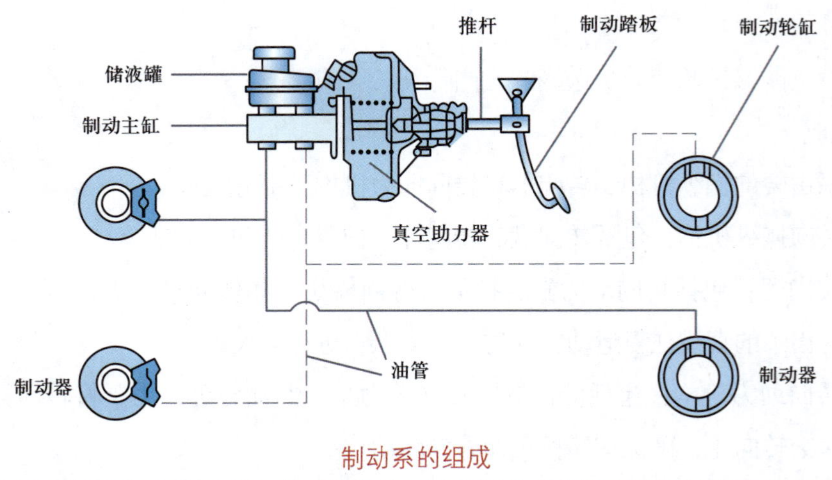

制动系的组成

任务2　举升机的使用

实训目标

1. 能按照规范流程使用剪式举升机举升车辆。
2. 能总结举升机使用的注意事项。
3. 能描述不同类型举升机的特点。

实训器材

1. 实训车辆，剪式举升机，车轮挡块等。
2. 举升机操作规程。

技能训练

一、操作前准备

1. 检查车辆停放位置。

（1）将车辆停至举升机举升平台正上方。在车辆前方检查左右位置，车辆中心应与举升机安装位置中心大致重合。

（2）在车辆一侧检查前后位置。

提示：一般轿车的发动机前置，整车质量集中在车辆前部，因此车辆应稍靠后。

2. 认识举升机操作台。

（1）左侧旋钮：电源开关。

（2）向上指示按钮（上升按钮）：上升操作。

（3）双齿按钮（锁止按钮）：锁止操作。

（4）向下指示按钮（下降按钮）：下降操作。

（5）双箭头向下指示按钮（复位按钮）：复位操作。

（6）红色按钮（急停按钮）：急停操作。

	3. 举升操作准备。 （1）打开举升机操作台电源开关，按下上升按钮，使举升平台上升约10 cm。
	（2）调节可拉伸平台位置。 提示：可拉伸平台用于控制举升平台前、后间距，针对不同长度的车辆应进行必要的调节，举升平台前、后间距越大，举升稳定性越高。

二、举升车辆

	1. 安放举升垫块。 提示：前、后、左、右共安放四个举升垫块，使垫块上的槽口与车辆底边的规定支撑点对齐。
	2. 举升至低位，检查车辆稳固情况。 （1）按下上升按钮，使举升垫块完全支撑车辆，举升平台托起车辆上升至轮胎底部距地面约30 cm。按压车辆前部，晃动车辆，检查车辆稳固情况。 提示：支撑位置如有偏差，应进行相应调整。

	（2）按压车辆后部，晃动车辆，检查车辆稳固情况。 **提示：**严禁野蛮操作，轻微按压，观察车辆晃动情况。
	3. 举升车辆至需要高度。 长按上升按钮，举升平台托起车辆缓慢上升，上升到所需高度位置后，松开按钮。 **提示：**举升过程中，双眼应目视车辆，避免无关人员靠近车辆。 **注意：**关注车辆两侧上升一致性，避免两侧不平衡发生安全事故；离开操作台时，必须按下急停按钮或关闭电源开关，避免他人误操作。
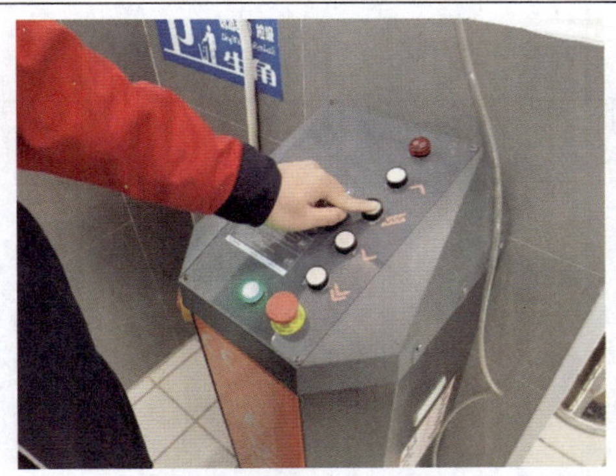 	4. 安全锁止举升机。 长按锁止按钮，举升平台连同车辆回落一定高度，观察举升机锁止机构锁齿是否完全啮合。 **提示：**锁止机构完全锁止才可以松开按钮。 **注意：**如果举升机没有完全锁止，切不可进行其他操作。

5. 举升车辆至高位。

注意：举升机上升至最高位时，应立即停止上升操作；当需要在车辆下方工作时，应规范佩戴安全帽。

三、降下车辆

1. 下降前检查。

提示：确认举升车辆下方没有人员或其他物品。

2. 降下车辆。

长按下降按钮，观察车辆下降全过程，待轮胎即将与地面接触时，松开按钮。

提示：操作举升机下降按钮时，举升机先自行进行解锁操作，锁止机构锁齿在气压作用下被顶开，举升平台先上升后下降。

注意：检查气管气压是否正常，否则举升机难以解锁。

3. 复位举升机。

长按复位按钮，举升机继续下降，观察举升平台位置，在举升平台底部到达水平面前，松开按钮。

提示：复位过程中，举升机会发出警告声，此时严禁无关人员靠近；复位过程中，轮胎会接触地面，举升垫块与车辆分离。

注意：下降过程中密切关注举升机的运行状态，如有异常，应及时停止。

4. 取出举升垫块。

提示：操作时应关闭操作台电源开关，避免其他人员操作举升机。

	5. 收回可拉升平台。
	6. 继续复位举升机。 再次长按复位按钮，举升机继续下降，待举升平台上平面完全低于水平面后，松开按钮，随后关闭电源开关。

四、操作后整理

	按照“8S”管理规定打扫卫生，整理实训场地。

举升机使用注意事项：

1. 使用前，应清除举升机附近妨碍作业的器具和杂物。举升机下方区域、周围地面和举升平台上必须保持干净，如有油渍，应立即清除。

2. 确保只有不超过允许重量、最大高度和长度范围的车辆才能被举升。

3. 举升车辆前，应对举升机进行空载升降操作，确保设备稳定可靠。

4. 车辆应缓慢、匀速驶入举升平台正确位置，摆正方向，关闭发动机，驻车制动。

5. 升降过程中，禁止车辆以外的人或物随车举升，任何无关人员不得进入工作区域。

6. 举升到所需高度时，应确保举升机处于锁止状态，离开操作台应关闭电源开关或按下急停按钮。

7. 在举升平台上禁止起动车辆，更不能在车辆怠速运转情况下进行举升或下降操作。

8. 举升机下降前，确保无关人员离开工作区域。

9. 将车辆驶离举升平台后，对举升机周围地面和举升平台进行清理。不能使用水、水蒸气等冲洗设备。

知识链接

举升机按照功能和形状不同，可分为两柱举升机、四柱举升机和剪式举升机三类。

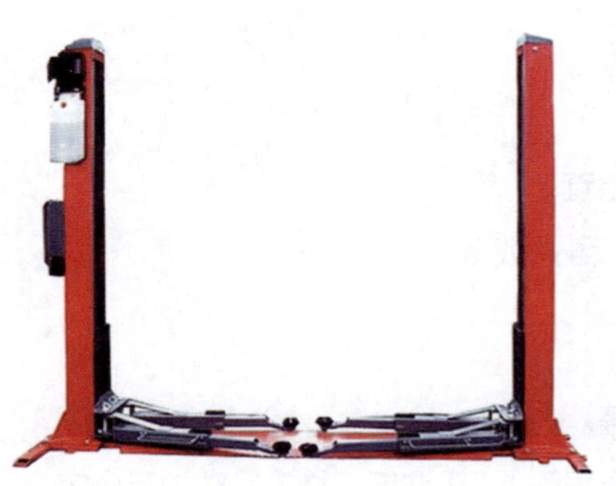

1. 两柱举升机

两柱举升机是常用的专用机械举升设备，广泛应用于轿车等小型车辆的维修和保养。两柱举升机使用时可以节省大量的地面空间，方便地面作业，但为了最大限度地节省材料，一般都去掉了底板，立柱的扭力需要靠地面来抵消，因此对地基的要求很高。

	2. 四柱举升机 四柱举升机是一种常用于大吨位汽车或货车的专用机械举升设备，也适用于四轮定位。四柱举升机按结构不同分为上油缸式和下油缸式两种。上油缸式四柱举升机的油缸置于立柱顶部（带横梁），结构简单，但自重增加。下油缸式四柱举升机的油缸置于平板下面，结构比较紧凑，自重降低。
	3. 剪式举升机 剪式举升机采用液压系统驱动升降，又称为液压举升机。剪式举升机分为大剪式（子母式）、小剪式（单剪）和超薄系列剪式举升机。小剪式举升机主要用于汽车维修和保养，安全性高，操作方便。大剪式举升机涌出比较多，是配合四轮定位仪的最佳设备。

任务3 汽车底盘的基本检查与日常维护

实训目标

1. 能按照规范流程完成汽车底盘的基本检查。
2. 能根据汽车行驶状况确定汽车底盘日常维护项目。

实训器材

1. 实训车辆，举升机，零件车，工具车等。
2. 常用工具，汽车专用工具（如轮胎气压表等），吸油纸，抹布，防护手套等。
3. 维修手册。

技能训练

一、操作前准备

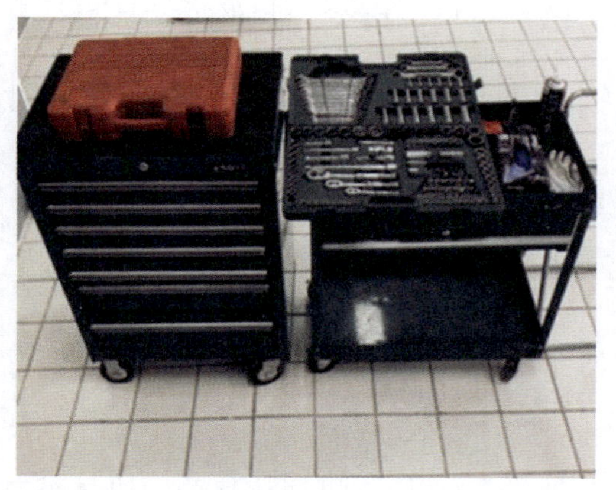	1. 将工位清理干净，准备好相关的器材。 提示：培养良好的工作习惯，做好事前准备，有助于安全操作和提高工作效率。
	2. 将车辆停放在举升工位上。 提示：将车辆停放在举升机中间位置，防止车辆侧翻。

二、实施汽车底盘基本检查项目

	1. 举升车辆至合适高度。

	2. 检查发动机放油螺栓是否有机油泄漏。
	3. 检查机油滤清器周边是否有机油泄漏。
	4. 检查三元催化器表面是否损伤、变形，吊耳是否松动。
	5. 检查消声器表面是否损伤、变形，吊耳是否松动。

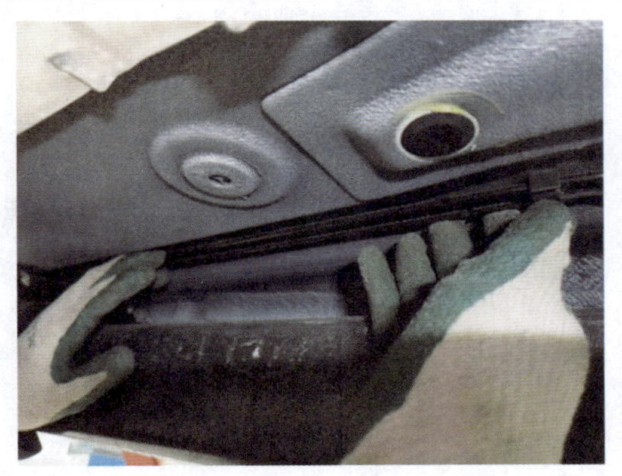	6. 检查制动管路、燃油管路是否变形、松动、移位或泄漏。
	7. 检查制动软管是否有裂纹、泄漏，放油螺栓是否松动。
	8. 检查驻车制动拉索是否损伤、变形，安装是否松动。
	9. 检查转向横拉杆防尘罩是否有裂纹、老化或泄漏。

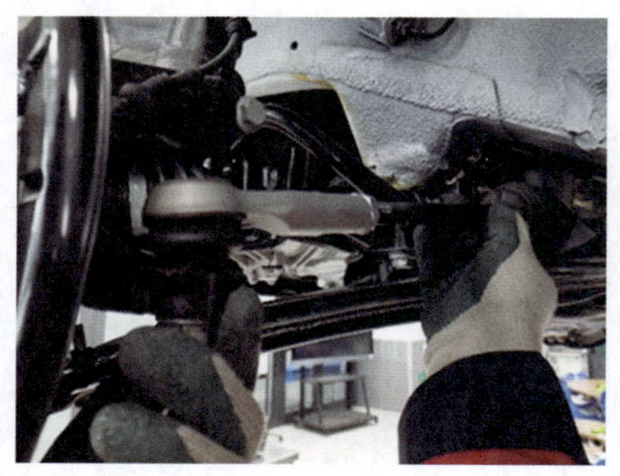	10. 检查转向球头是否损伤，螺栓是否松动。
	11. 检查悬架弹簧表面是否损伤。
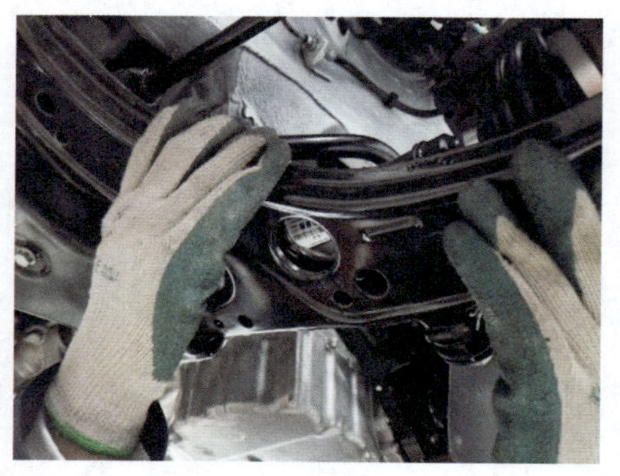	12. 检查下摆臂是否损伤。
	13. 根据维修手册中的规定力矩，使用扭力扳手依次检查底盘各固定螺栓的拧紧力矩。

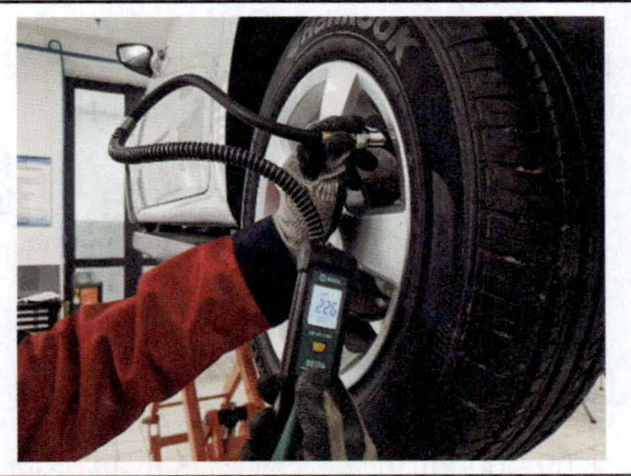	14. 检查轮胎气压是否在标准范围内。

三、操作后整理

按照“8S”管理规定打扫卫生，整理实训场地。

知识链接

汽车底盘日常维护项目

	1. 检查轮胎  定期检查轮胎是行车安全的重要保证，检查内容主要包括： （1）检查轮胎花纹。 （2）检查有无裂纹、划痕和穿透物。 （3）检查制造时间。 （4）检查轮胎气压。
 	 2. 检查与调整车轮动平衡 车轮动不平衡会造成车辆在行驶中发生车轮抖动、转向盘振动等现象。为了避免这种现象或消除已经发生的这种现象，通常是在动态情况下通过增加配重的方法调整车轮至动平衡状态。增加配重时使用的平衡块一般用铝合金制成，包括 5 g、10 g、15 g 等不同规格。

3. 检查与更换制动摩擦片和制动盘

当制动摩擦片和制动盘磨损到一定程度时，需要进行检查与更换，通常大部分制动摩擦片的更换周期为行驶里程 60 000 km 左右，制动盘的更换周期为行驶里程 100 000 km 左右。主要检查内容包括：

（1）检查制动摩擦片的厚度及表面质量。

（2）检查制动盘的厚度及表面质量。

（3）检查制动盘的端面跳动量。

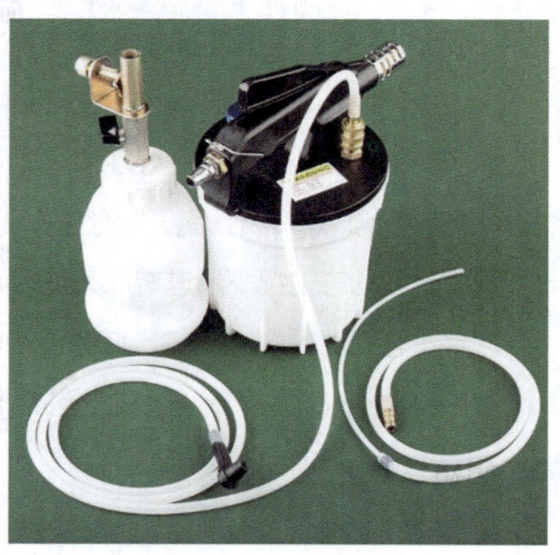

4. 更换制动液

制动液的更换周期，应根据制动液的类型和品质，以及汽车的使用情况和环境，进行合理的判断和调整。一般可以参考以下建议：

（1）按照使用时间，通常建议每使用 2 年左右更换一次制动液，适合低频和短途行驶的车辆。

（2）按照检查结果，定期检查制动液的沸点和水分含量，如果制动液的沸点低于 160 ℃或者水分含量高于 3%，就应及时更换制动液，适合高频和长途行驶的车辆。

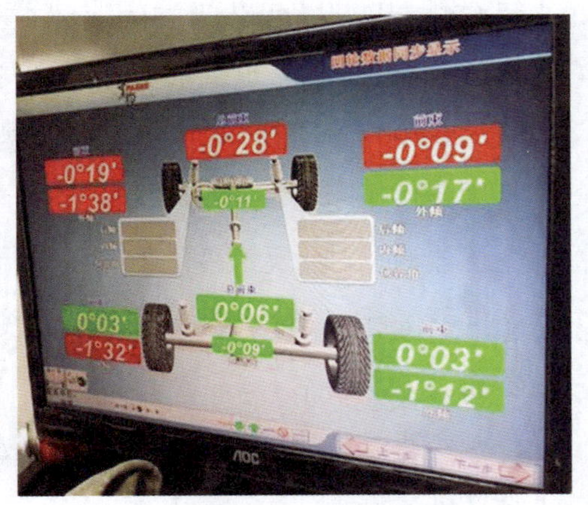

5. 检查与调整四轮定位

四轮定位是以车辆的四轮参数为依据，通过调整以确保车辆行驶性能良好并具备一定的可靠性，分为前轮定位和后轮定位。前轮定位包括主销后倾（角）、主销内倾（角）、前轮外倾（角）和前轮前束；后轮定位包括后轮外倾（角）和后轮前束。

以下情况建议检查与调整四轮定位：

（1）在水平路面上直行时，需要大力握紧转向盘才能保证车辆不跑偏。

（2）车辆正常行驶时，感觉车身漂浮或摇摆不定。

（3）车辆前、后轮的胎面有一侧磨损特别严重。

（4）直行时，放开转向盘，车辆会自动向左或向右拉。

（5）换装新的悬架或转向系配件。

（6）高速撞击路面深坑或路肩。

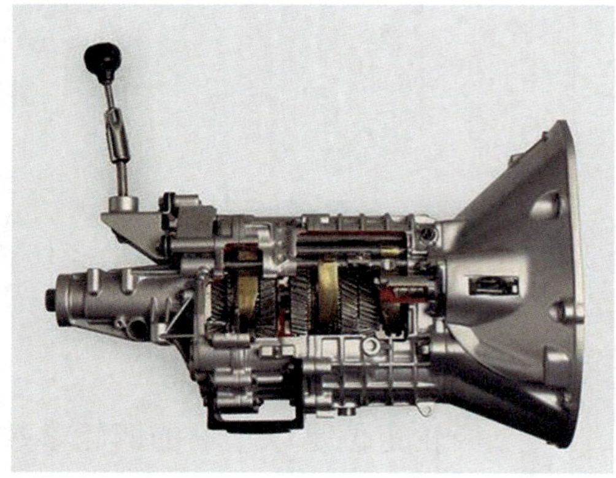

6. 更换变速器油

对于手动变速器，正常行驶条件下每行驶 60 000 km 更换一次变速器油；对于自动变速器，正常行驶条件下每行驶 120 000 km 更换一次变速器油，恶劣行驶条件下每行驶 60 000 km 更换一次变速器油；对于无级变速器，正常行驶条件下每行驶 100 000 km 更换一次变速器油。

变速器油的更换方法包括重力法和循环机法两种。

（1）重力法，即松开放油螺栓（或拆卸油底壳），利用油液的自身重力让变速器油流出来，然后在加油口补充新的变速器油。这种方法的缺点是不能排尽所有油液，更换比例最高只有30%～40%。

（2）循环机法，即利用机器向变速器内强行注油，将残存的油液全部压出，这种方法需要很多的变速器油（至少是更换量的两三倍），因此费用要高很多，但更换比例能达到 80%～90%。

模块二 汽车制动系的拆装与检修

任务1 盘式制动器的拆装与检查

实训目标

1. 能按照规范流程完成盘式制动器的拆装与检查。
2. 能描述盘式制动器的组成和功能。
3. 能总结盘式制动器拆装与检查中的注意事项。

实训器材

1. 实训车辆（以大众朗逸为例），举升机，零件车，工具车等。
2. 常用工具，汽车专用工具，吸油纸，抹布等。
3. 维修手册。

技能训练

一、操作前准备

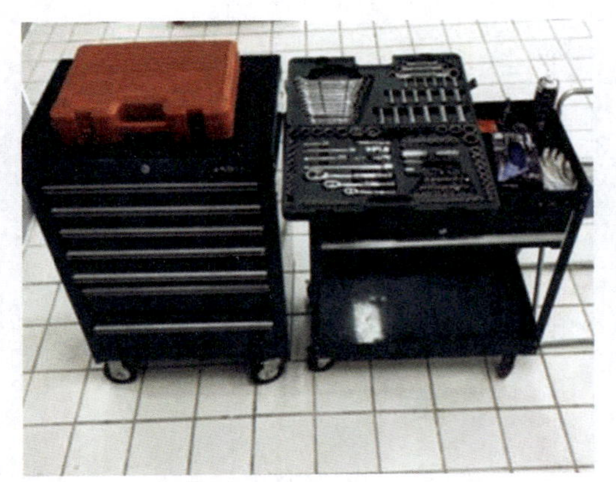	1. 将工位清理干净，准备好相关的器材。

	2. 将车辆停放在举升工位上。
	3. 松开驻车制动操纵杆。 **注意：**车轮应能自由转动，以便于拆卸制动器。

二、拆卸车轮总成

	1. 拆下车轮螺栓防护罩。 **提示：**严禁野蛮操作，以防损坏防护罩。
	2. 预松车轮螺栓。 **提示：** （1）按照“对角多遍”的要求进行，防止车轮变形。 （2）车轮螺栓以拧松2~3圈为宜，避免车轮负重倾斜，造成螺栓螺纹损伤。 **注意：**当螺栓无法拧松时，可喷涂除锈剂或使用扭力扳手。

	3. 举升车辆至合适高度。
	4. 拆下车轮螺栓，取下车轮总成。 **提示：** 用双手托住轮胎两侧。 **注意：** 取出车轮总成时，双手应扶稳，以防车轮总成掉落发生安全事故。

三、拆卸盘式制动器

	1. 将转向盘转至极限位置，以使制动器向外偏移，便于后续拆卸。
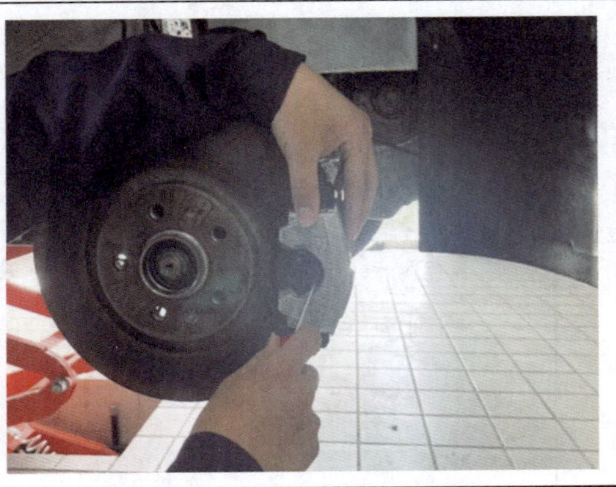	2. 拆卸制动摩擦片定位弹簧。 **提示：** 拉出弹簧，手部力量不够时，可借用工具撬出。 **注意：** 严禁野蛮操作，以防损坏弹簧。

	3. 拆下制动钳总成固定螺栓。 提示：上、下各有一个螺栓。
	4. 取下制动钳总成。
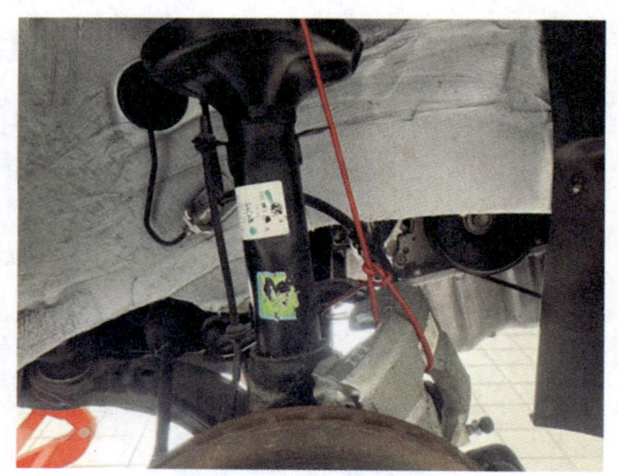	5. 将制动钳总成悬挂于车架上。 提示：以防制动钳总成掉落拉断制动软管。
	6. 取下制动摩擦片，并用吸油纸擦拭干净。 提示：制动摩擦片表面不应沾染油污，否则会导致制动器打滑。

	7. 拆下制动盘固定螺钉。
	8. 取下制动盘，并用吸油纸擦拭干净。

四、检查盘式制动器

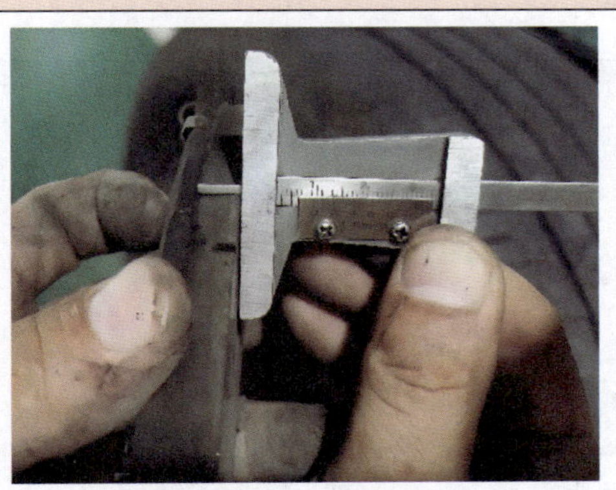	1. 用游标深度卡尺测量制动摩擦片厚度。 **提示：** （1）磨损极限为 1.6 mm。 （2）如果厚度小于磨损极限，必须更换。
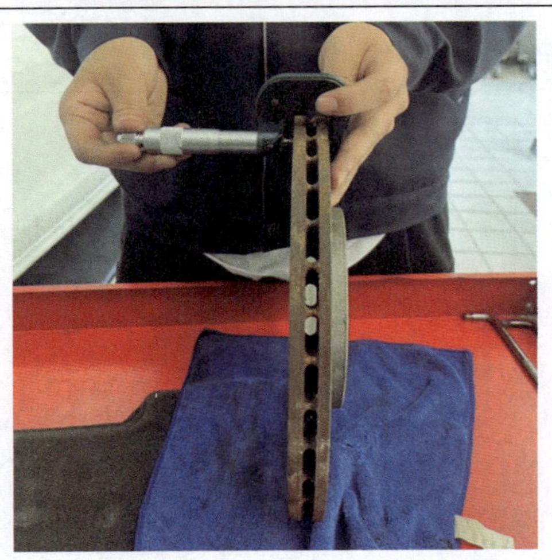	2. 用外径千分尺测量制动盘厚度。 **提示：** （1）测量点距离边缘约 5 mm，转动制动盘，每隔 90° 测量一次。 （2）根据维修手册要求，如果厚度小于磨损极限，必须更换。 （3）制动盘表面如有裂纹等，必须更换。

五、装复盘式制动器

	1. 安装制动盘。
	2. 拧紧制动盘固定螺钉。
	3. 安装制动摩擦片。 提示：安装时注意制动摩擦片的方向。
	4. 安装制动钳总成，并按规定力矩拧紧固定螺栓。 提示：更换新的制动摩擦片时，需要使用专用工具将活塞顶回。

	5. 安装制动摩擦片定位弹簧。 提示：注意区分内、外弹簧，不可装错。 注意：严禁野蛮操作，以防损坏弹簧。

六、装复车轮总成

	1. 安装车轮总成，并旋上、预紧车轮螺栓。 提示：检查车轮螺栓螺纹是否损坏，若是，应更换螺栓。
	2. 转动车轮总成，检查制动有无拖滞现象。 提示：如有，应检查驻车制动拉索回位情况。
	3. 降下车辆，使轮胎接触地面，按规定力矩拧紧车轮螺栓。 提示：分 2～3 次对角拧紧螺栓。 4. 安装车轮螺栓防护罩。 注意：严禁野蛮操作，以防损坏防护罩。

七、操作后整理

按照“8S”管理规定打扫卫生，整理实训场地。

任务2 鼓式制动器的拆装与检查

实训目标

1. 能按照规范流程完成鼓式制动器的拆装与检查。
2. 能描述鼓式制动器的组成和功能。
3. 能总结鼓式制动器拆装与检查中的注意事项。

实训器材

1. 实训车辆（以新桑塔纳为例），举升机，零件车，工具车等。
2. 常用工具，汽车专用工具，吸油纸，抹布等。
3. 维修手册。

技能训练

一、操作前准备

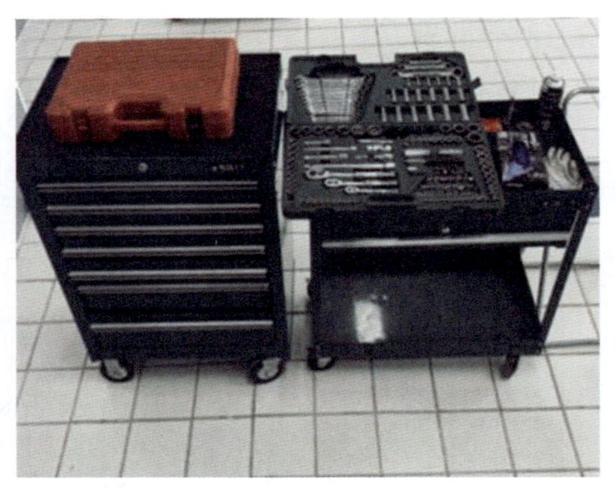	1. 将工位清理干净，准备好相关的器材。
	2. 将车辆停放在举升工位上。

3. 松开驻车制动操纵杆。

注意：车轮应能自由转动，以便于拆卸制动器。

二、拆卸车轮总成

按照模块二任务 1 的方法拆卸车轮总成。

三、拆卸鼓式制动器

1. 拆卸轮毂盖。

提示：使用一字旋具插入轮毂盖的观察孔中，拨动驻车制动推杆上的楔形调节块，使制动蹄收缩。

	2. 取下轮毂盖。
	3. 拆卸稳定弹簧座圈，并取下稳定弹簧。 **注意：**严禁野蛮操作，以防损坏弹簧。
	4. 拆卸下回位弹簧。
	5. 拆卸驻车制动拉索。 **注意：**用钳子取下驻车制动拉索时，防止损坏拉索铆钉。

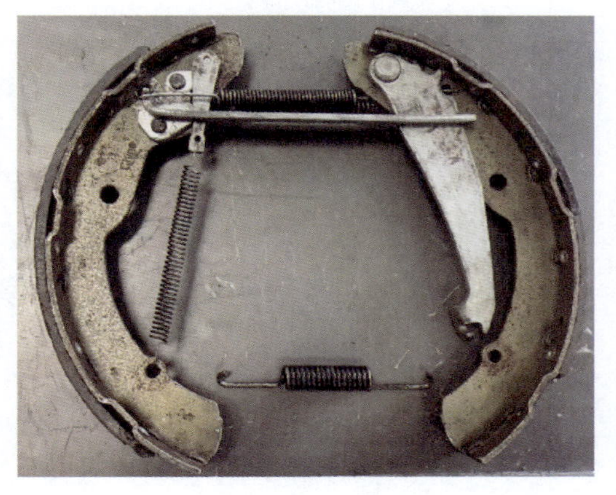

6. 取下制动蹄总成。

四、分解制动蹄总成

1. 取下自动间隙调节弹簧。

注意：拆卸弹簧时，防止弹簧弹出伤人。

2. 取下上回位弹簧和驻车制动推杆弹簧。

注意：防止弹簧变形。

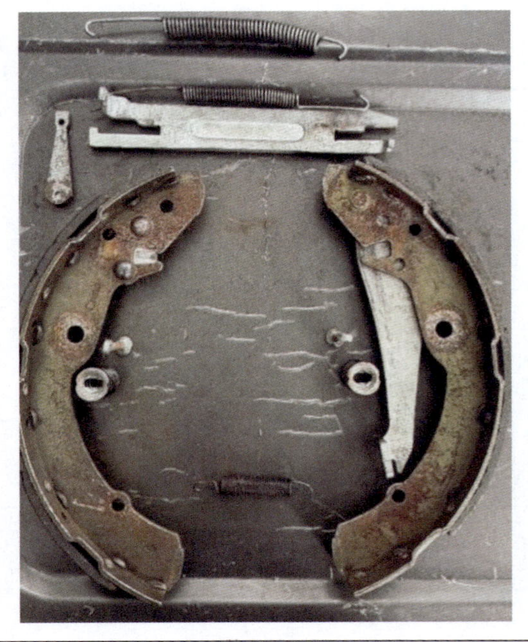	3. 取下驻车制动推杆和楔形调节块。

五、检查鼓式制动器

	用游标卡尺检查制动蹄片磨损情况。 **提示：** （1）标准厚度为 5 mm（不包括底板）。 （2）磨损极限为 2.5 mm（不包括底板）。 （3）制动蹄片表面不应沾染油污，否则会导致制动器打滑。

六、组装制动蹄总成

	1. 组装楔形调节块和驻车制动推杆。 **提示：**检查楔形调节齿磨损情况。

<table>
<tr><td></td><td>2. 将驻车制动推杆装在制动蹄片上。
提示：检查驻车制动推杆是否变形。
3. 安装驻车制动推杆弹簧和上回位弹簧。
提示：检查弹簧连接是否牢固。</td></tr>
<tr><td></td><td>4. 安装自动间隙调节弹簧。</td></tr>
</table>

七、装复鼓式制动器

按照与拆卸鼓式制动器相反的顺序进行装复。

八、装复车轮总成

按照模块二任务 1 的方法装复车轮总成。

九、操作后整理

按照“8S”管理规定打扫卫生，整理实训场地。

任务3 驻车制动装置的拆装与调整

实训目标

1. 能按照规范流程完成驻车制动装置的拆装与调整。
2. 能描述驻车制动装置的组成和功能。
3. 能总结驻车制动装置拆装与调整中的注意事项。

实训器材

1. 实训车辆（以大众朗逸为例），举升机，零件车，工具车等。
2. 常用工具，汽车专用工具，吸油纸，抹布等。
3. 维修手册。

技能训练

一、操作前准备

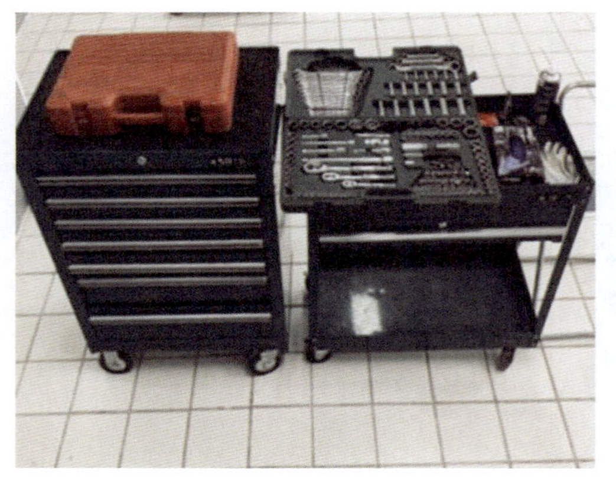	1. 将工位清理干净，准备好相关的器材。
	2. 将车辆停放在举升工位上。
	3. 松开驻车制动操纵杆。

二、拆卸驻车制动装置

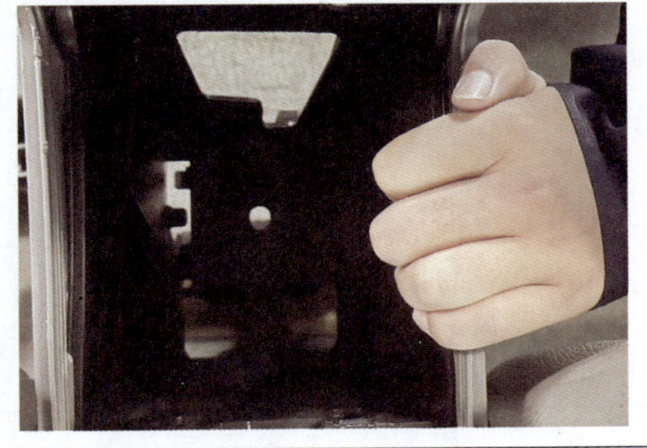	1. 拆卸驻车制动操纵杆护板。
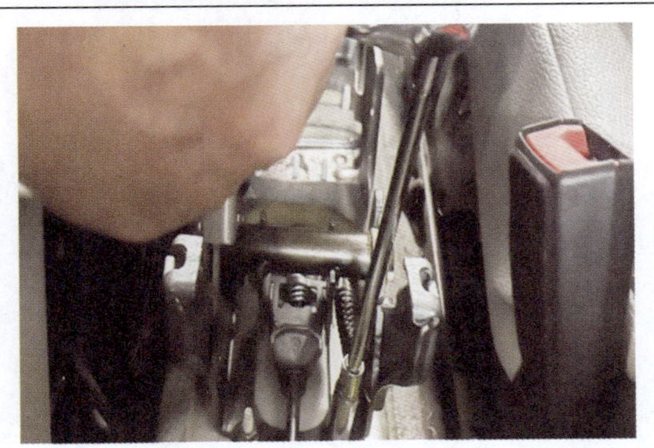	2. 拆卸驻车制动操纵杆固定螺栓，并取出驻车制动操纵杆总成。
	3. 举升车辆至合适高度，拆卸车轮制动器总成。
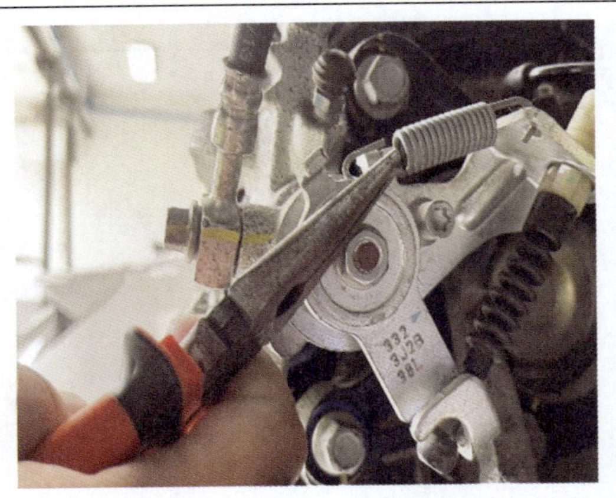	4. 松开驻车制动拉索回位弹簧，并取下弹簧。 提示：避免将弹簧拉坏。

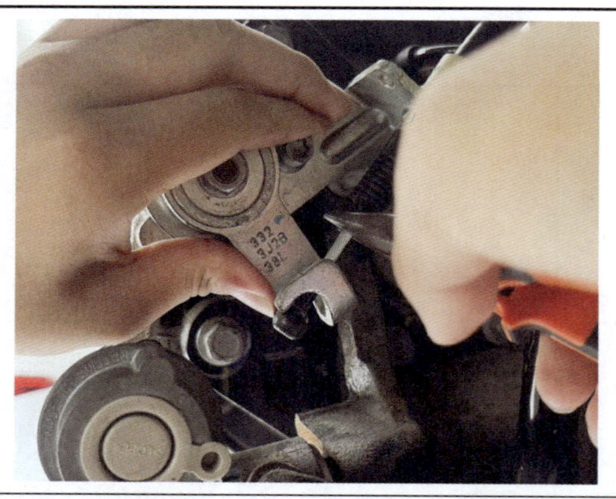	5. 拆卸驻车制动拉索。
	6. 拆卸驻车制动拉索固定卡扣。
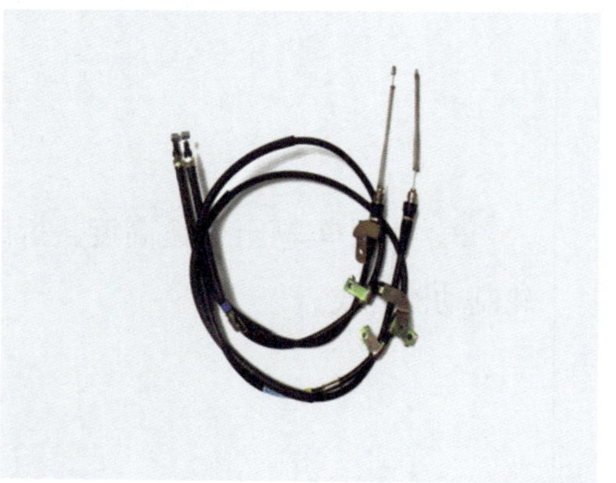	7. 取出驻车制动拉索。 **提示：**检查驻车制动拉索是否损坏、套管是否开裂，若是，应更换。

三、装复驻车制动装置

	1. 安装驻车制动拉索固定卡扣。

<table>
<tr><td>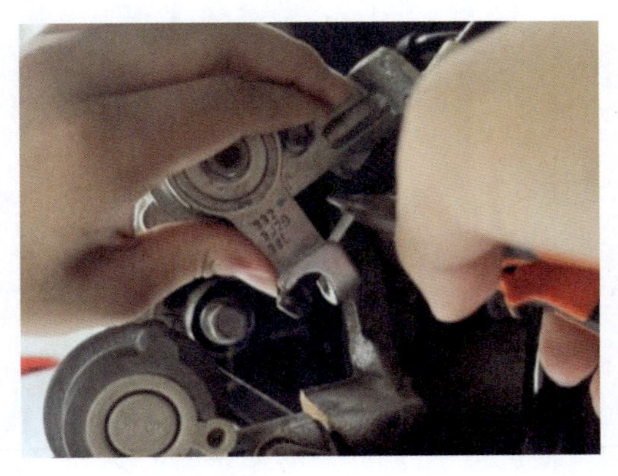</td><td>2. 安装驻车制动拉索。</td></tr>
<tr><td>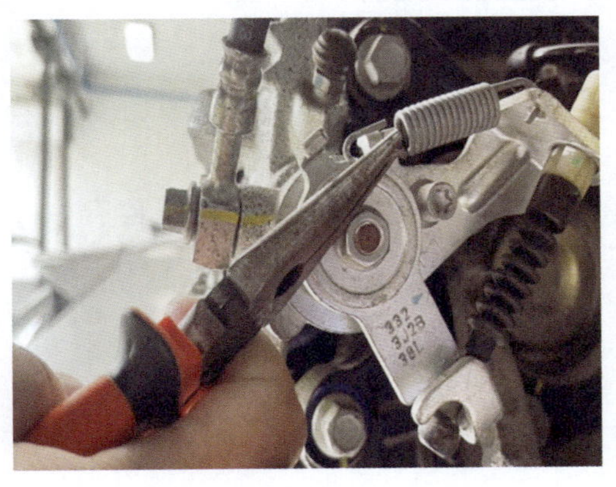</td><td>3. 安装驻车制动拉索回位弹簧。</td></tr>
<tr><td></td><td>4. 安装车轮制动器总成。</td></tr>
<tr><td>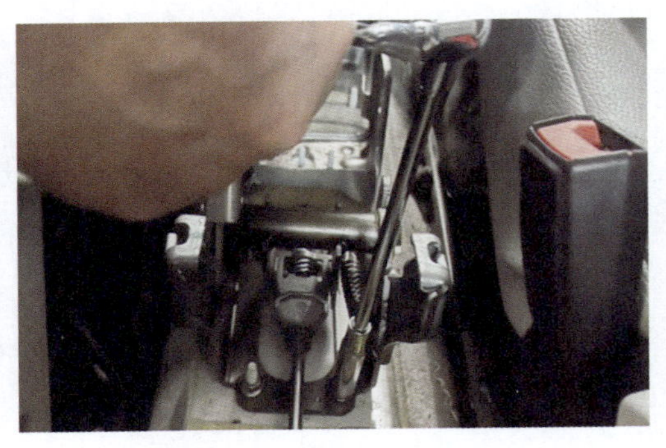</td><td>5. 安装驻车制动操纵杆总成，并按规定力矩拧紧固定螺栓。</td></tr>
</table>

	6. 安装驻车制动操纵杆护板。

四、调整驻车制动装置

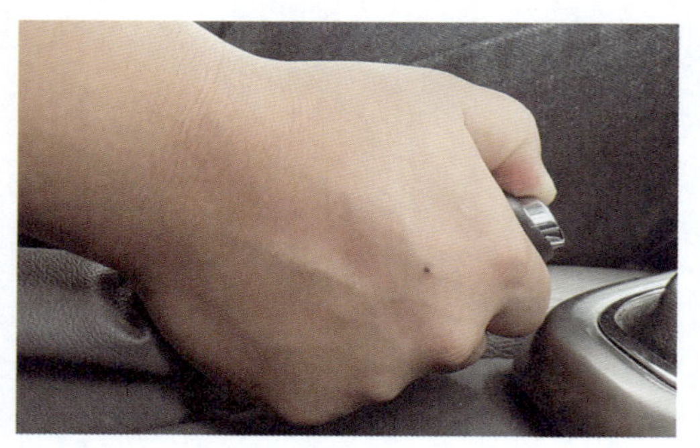	1. 松开驻车制动操纵杆。
	2. 将制动踏板踩至最低。 提示：需连续踩 2~3 次。
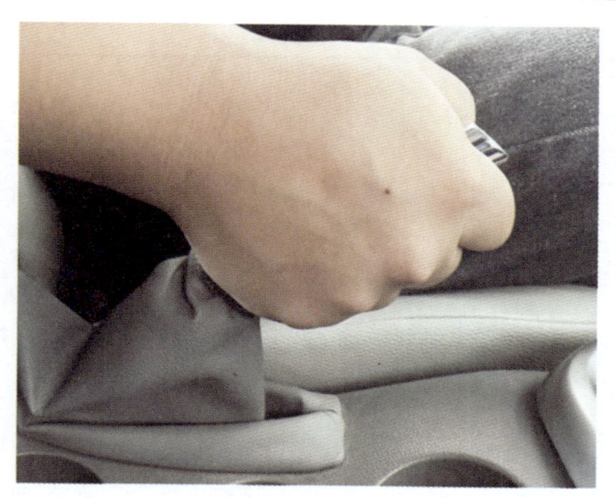	3. 拉起驻车制动操纵杆至听到“咔嗒”一声。

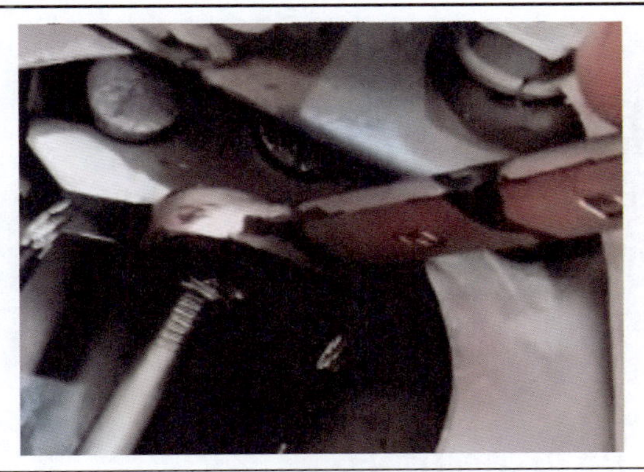	4. 调节调整螺母。 提示：转动车轮总成，调节驻车制动器调整螺母直至驻车制动器轻微拖滞。
	5. 完全松开驻车制动操纵杆，检查并确认转动车轮总成时，驻车制动器没有拖滞，必要时重新调整。
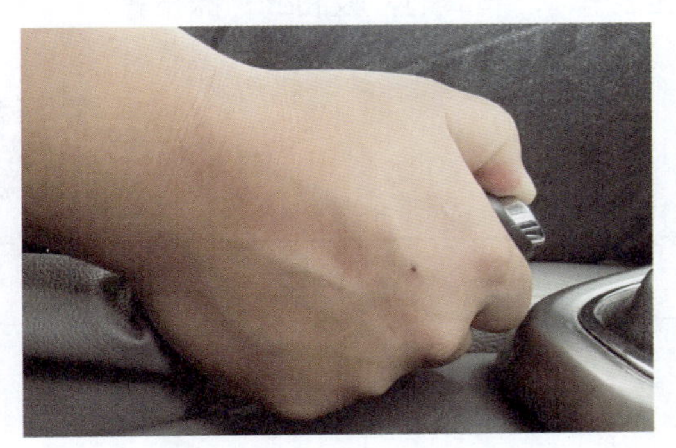	6. 完全拉起驻车制动操纵杆，确保“咔嗒”声的次数在规定范围内（6~8次）。
	7. 松开制动踏板。

五、操作后整理

按照“8S”管理规定打扫卫生，整理实训场地。

模块三
汽车行驶系的拆装与检修

任务1 轮胎的拆装

实训目标

1. 能按照规范流程使用轮胎拆装机完成轮胎的拆装。
2. 能总结轮胎拆装中的注意事项。

实训器材

1. 车轮总成，轮胎拆装机，零件车，工具车等。
2. 常用工具，汽车专用工具（如轮胎气压表等），润滑剂，吸油纸，抹布等。
3. 维修手册。

技能训练

一、操作前准备

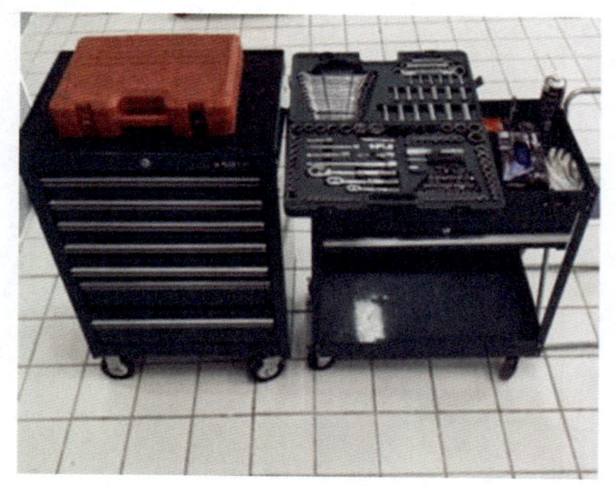	1. 将工位清理干净，准备好相关的器材。

2. 准备好轮胎拆装机和车轮总成。

提示：按照模块二任务1的方法拆卸车轮总成。

二、分解车轮总成

1. 拆下车轮装饰板。

提示：严禁野蛮操作，以防损坏车轮装饰板。

2. 拆下气门芯，放出轮胎内的空气，拆下车轮上所有的平衡块。

3. 使用轮胎拆装机分离铲按压轮胎外侧，使轮胎外侧与车轮完全分开。

提示：分离铲要与车轮保持一定距离。

	4. 使用轮胎拆装机分离铲按压轮胎内侧，使轮胎内侧与车轮完全分开。
	5. 将车轮总成放置于轮胎拆装机工作盘上，并踩下卡盘开启踏板将车轮卡紧。在轮胎内圈边缘刷润滑剂。
	6. 调整拆装机头，确定拆卸位置。
	7. 操作升降器将拆装机头安装到合适的位置。 提示：避免刮伤车轮。

	8. 踩下轮胎拆装机正向旋转踏板，并使用撬棒和拆装机头将轮胎外侧与车轮彻底分离。
	9. 采用同样的方法将轮胎内侧与车轮彻底分离。
	10. 取下轮胎。 **提示：**用双手托住轮胎两侧。 **注意：**取出轮胎时，双手应拿稳，以防轮胎掉落发生安全事故。
	11. 取下车轮，检查车轮外观是否变形。

三、组装车轮总成

	1. 将车轮放置于轮胎拆装机工作盘上，并踩下卡盘开启踏板卡紧车轮。
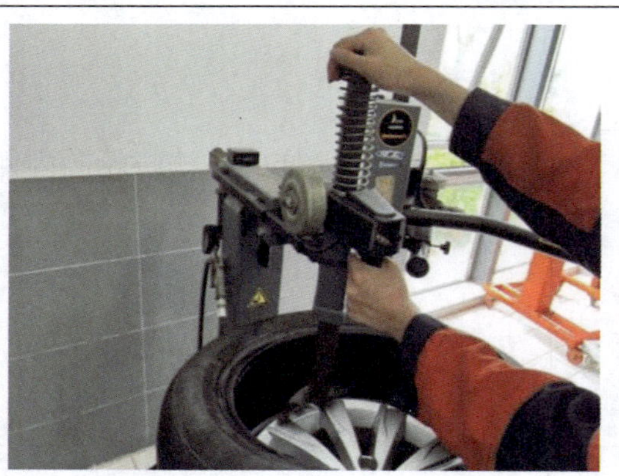	2. 将轮胎放在车轮上，按下立柱，调整拆装机头与车轮的位置。 **提示：将弹簧按下去时必须锁止。**
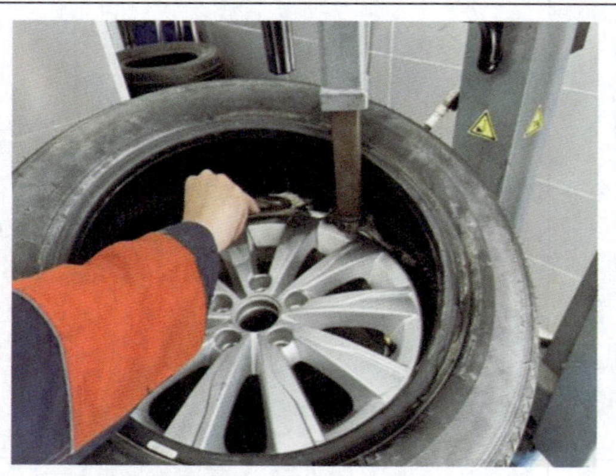	3. 在轮胎内圈边缘刷润滑剂，以便于组装。
	4. 踩下轮胎拆装机正向旋转踏板，并使用拆装机头配合辅助臂滚轮先后进行轮胎内侧、外侧与车轮的组装。

	5. 收回辅助臂滚轮和拆装机头。
	6. 安装气门芯，对轮胎进行充气、检查。 提示：轮胎必须充气至规定值。

四、操作后整理

按照“8S”管理规定打扫卫生，整理实训场地。

任务2 车轮动平衡的检查与调整

实训目标

1. 能按照规范流程使用车轮动平衡机完成车轮动平衡的检查与调整。
2. 能总结车轮动平衡检查与调整中的注意事项。
3. 能描述车轮不平衡引发的后果。

实训器材

1. 车轮总成，车轮动平衡机，零件车，工具车等。
2. 常用工具，汽车专用工具，吸油纸，抹布等。
3. 维修手册。

技能训练

一、操作前准备

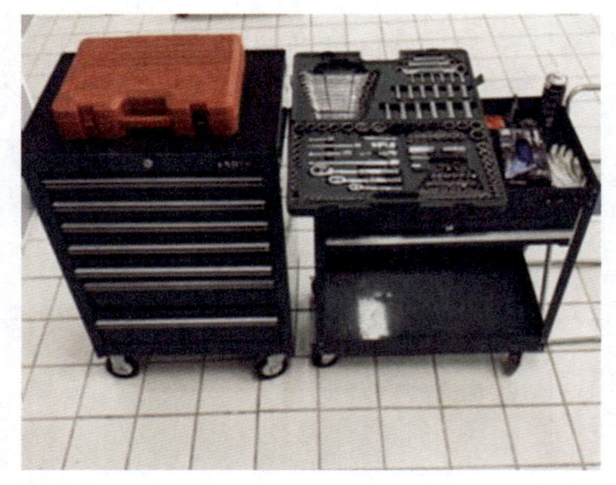

1. 将工位清理干净，准备好相关的器材。

2. 准备好车轮动平衡机和车轮总成。

提示：

（1）确保车轮总成表面清洁，无杂质和旧平衡块。

（2）确保轮胎气压为规定值。

二、检查与调整车轮动平衡

1. 安装定位锥体，将车轮总成安装到车轮动平衡机上。

提示：安装车轮总成要注意安全，防止滑落。

	2. 安装快速锁紧螺母以固定车轮总成。
	3. 打开车轮动平衡机的电源开关。
 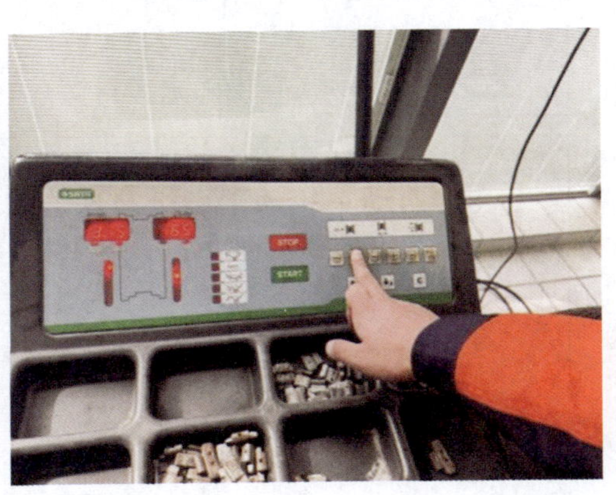	4. 测量车轮动平衡机机箱到轮辋边缘的距离，并将数值输入车轮动平衡机中。

5. 用车轮动平衡机的卡尺测量轮辋宽度，并将数值输入车轮动平衡机中。

6. 查看轮胎尺寸标注，并将轮辋直径数值输入车轮动平衡机中。

7. 放下防护罩。

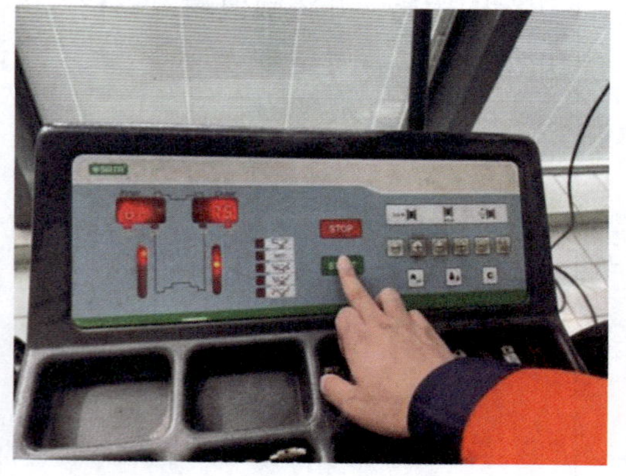

8. 启动车轮动平衡机，开始车轮动平衡检查。

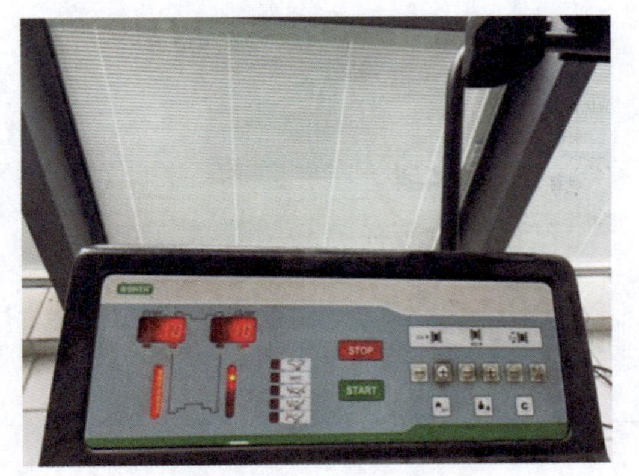

9. 当车轮自动停转后，从指示装置上读出车轮内、外动不平衡量和不平衡位置。

10. 抬起防护罩，用手慢慢旋转车轮总成，当车轮动平衡机指示装置发出信号时停止转动。

11. 在车轮内侧或外侧的上部时钟12点位置加装指示装置显示的该侧平衡块质量。

提示：内、外侧要分别进行，平衡块装卡要牢固。

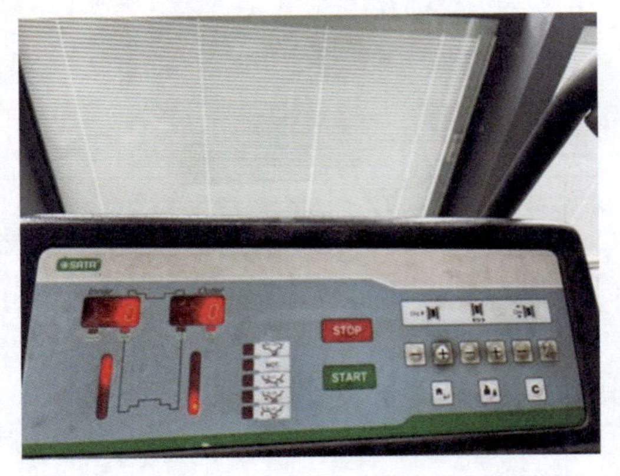

12. 再次进行车轮动平衡检查，观察结果。如果动不平衡量仍不为零，继续进行调整，直至动不平衡量为零。

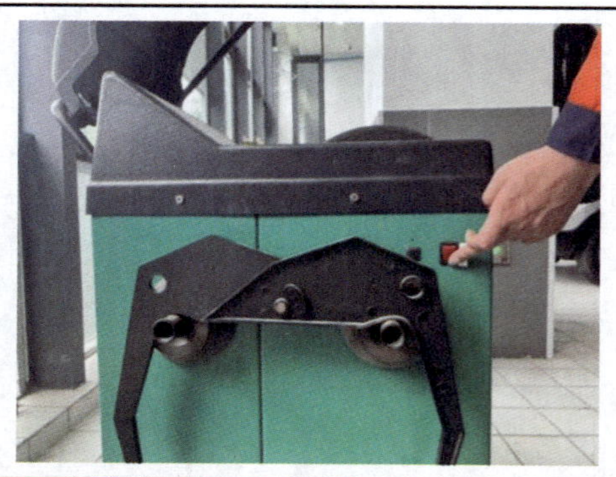

13．取下车轮总成，关闭车轮动平衡机的电源开关。

三、操作后整理

按照“8S”管理规定打扫卫生，整理实训场地。

任务3 车轮定位的检查与调整

实训目标

1．能按照规范流程完成车轮定位的检查与调整。

2．能总结车轮定位检查与调整中的注意事项。

3．能描述车轮定位不准确的危害。

实训器材

1．实训车辆（以起亚 K3 为例），举升机，四轮定位仪，零件车，工具车，车轮挡块等。

2．常用工具，汽车专用工具（如轮胎气压表等），吸油纸，抹布等。

3．维修手册。

技能训练

一、操作前准备

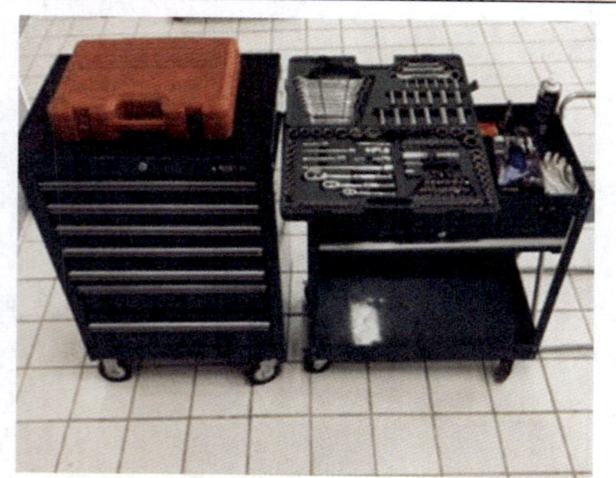

1．将工位清理干净，准备好相关的器材。

 	2. 将车辆停放在举升工位上。 **提示：前轮需要停在转角盘的中心位置。**
	3. 将换挡杆置于 N 挡，松开驻车制动操纵杆。
	4. 调整轮胎气压至规定值。

二、检查车轮定位

	1. 打开四轮定位仪和计算机的电源开关。
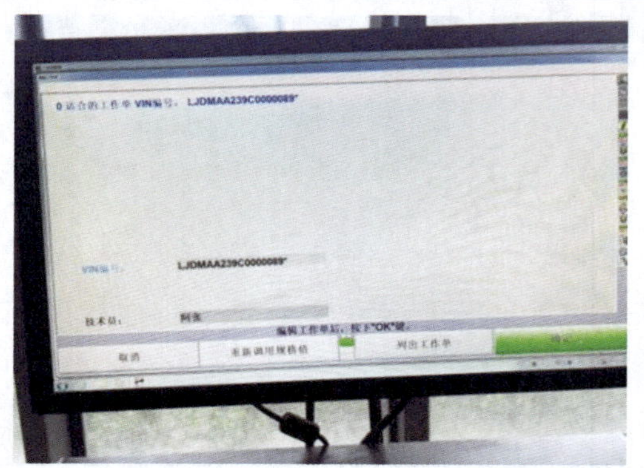	2. 在定位软件中，输入车辆的 VIN 码，填写技术员的信息。
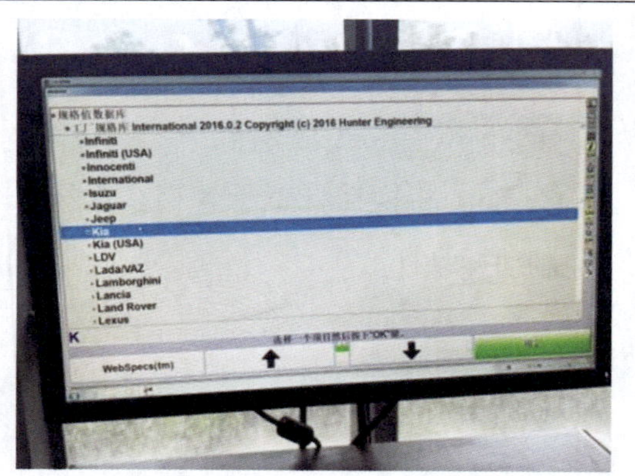	3. 选择车辆型号。 **提示：**进入“规格值数据库”，找到相应的车型并双击选中。
	4. 安装车轮卡具和目标板。 **提示：**安装时，保证卡具基本位于车轮中间位置且两侧的卡爪基本水平，此外，还要检查卡具安装是否牢固。

<table>
<tr>
<td>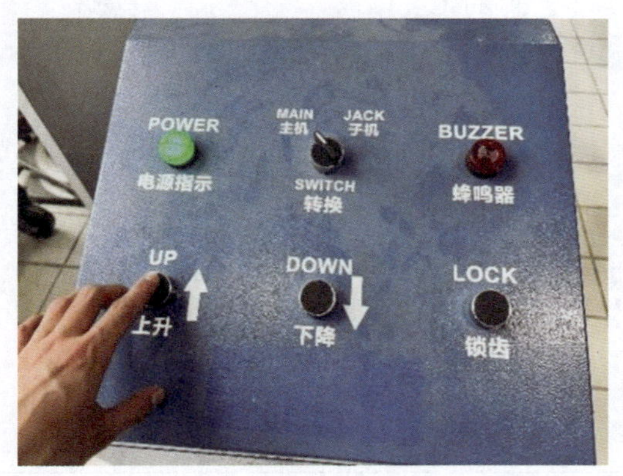
</td>
<td>5. 打开举升机操作台电源开关，长按上升按钮。</td>
</tr>
<tr>
<td>
</td>
<td>6. 举升车辆至合适高度，使四个车轮上的目标板与四轮定位仪传感器通信正常，即四轮定位仪传感器可以探测到四个目标板，松开上升按钮。</td>
</tr>
<tr>
<td>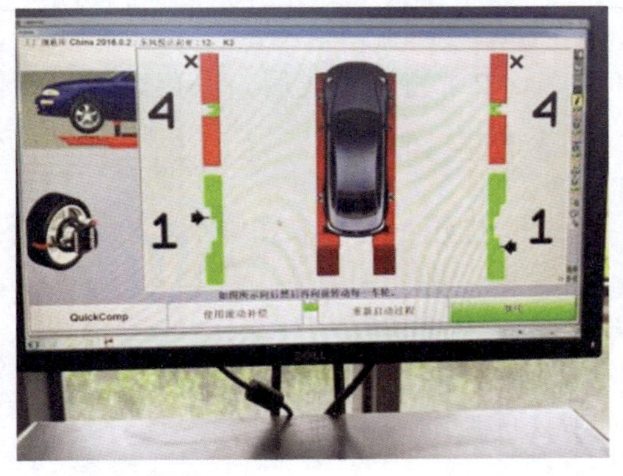
</td>
<td>7. 操作四轮定位仪进入定位软件偏位补偿界面，根据屏幕箭头指示，先向后再向前推动车辆完成偏位补偿。

注意：推车过程中不要挡住目标板。</td>
</tr>
</table>

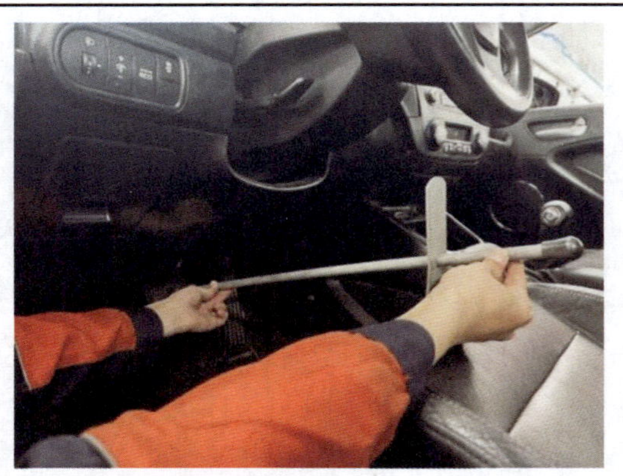

8. 安装制动踏板锁。

提示：推车完成后，放置车轮挡块。使用制动踏板锁顶住制动踏板，检查制动灯是否点亮。

9. 拔出转角盘和后滑板的固定销，移开转角盘垫板。

三、测量车轮定位参数

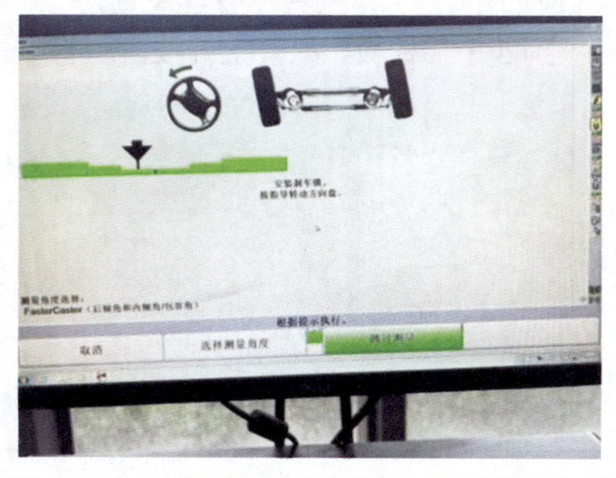

1. 根据定位软件的提示，转动转向盘，测量车轮定位参数。

提示：在定位软件中，选择测量最大转向角，根据提示，先将车轮对中，然后分别向两侧转向后回正。

注意：转向过程中，不要压到车身，不要左右拉动车身。

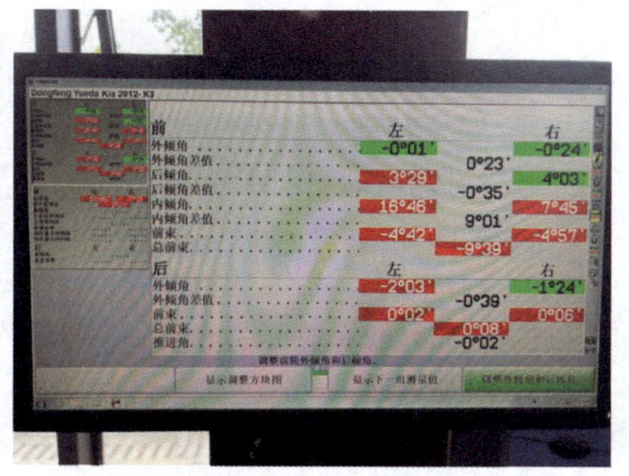

2. 测量完成后，保存车轮各定位参数测量值。

提示：将安装在四个车轮上的定位目标板的水平仪调整到水平线上，此时计算机屏幕上显示出车轮各定位参数的数值。

	3. 调整转向盘至水平位置，并使用转向盘锁进行锁止。
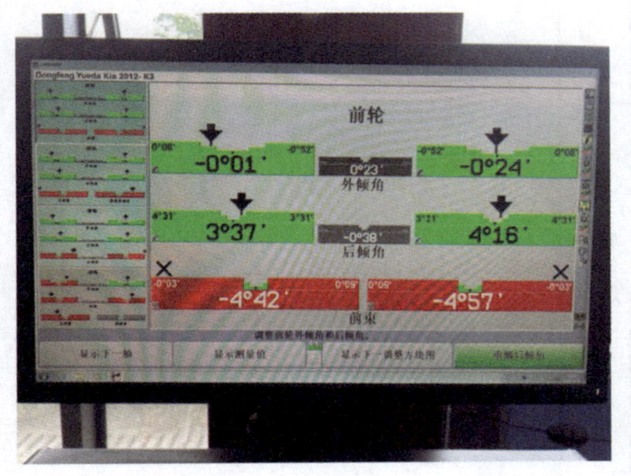	4. 检查前轮（转向轮）外倾角、主销后倾角和前轮（转向轮）前束。 **提示：**转向轮外倾角和主销后倾角在生产时已经被调节，不需要调整。如果转向轮外倾角和主销后倾角不在标准范围内，应更换弯曲或损坏的部件并再次检查。
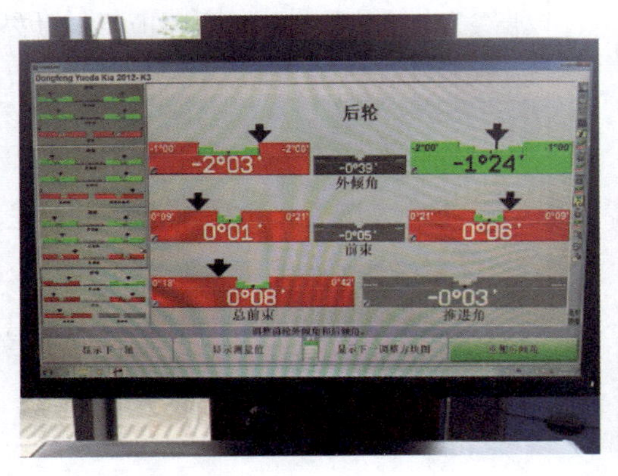	5. 检查后轮外倾角和后轮前束。

四、调整车轮定位参数

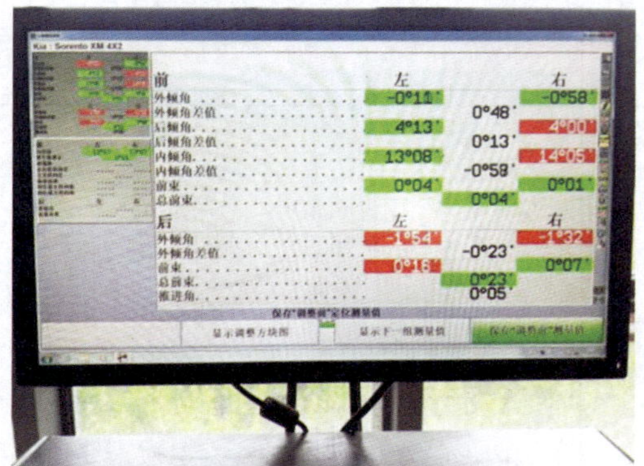

1. 对下摆臂进行调整。

用 19 mm 两用扳手逆时针旋转下摆臂主销球头螺母，直至主销内倾角数值符合标准要求。

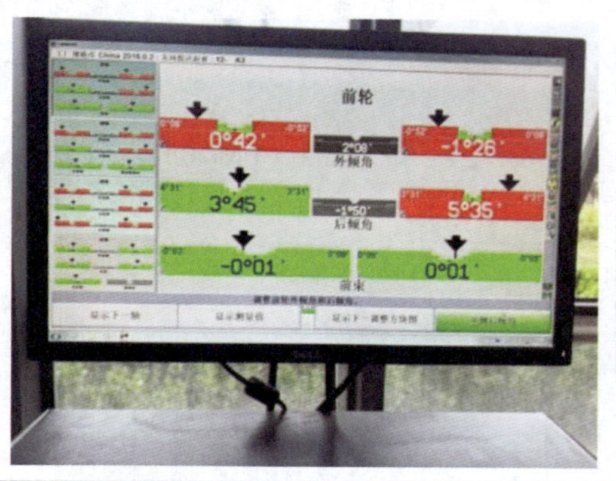

2. 对转向横拉杆进行调整。

（1）使用 22 mm 两用扳手拧松转向横拉杆末端锁止螺母。

（2）使用活扳手固定转向横拉杆末端，同时使用 15 mm 两用扳手转动转向横拉杆上的方形螺母来调整。应按相同的量转动左、右转向横拉杆来调整转向轮前束，直至前束数值符合标准要求。

（3）转向轮前束调整完成后，安装螺纹管夹并按规定力矩拧紧转向横拉杆末端锁止螺母。

	3. 降下车辆。
	4. 拆卸车轮卡具。

五、操作后整理

按照“8S”管理规定打扫卫生，整理实训场地。

任务4 前减振器的拆装与检查

实训目标

1. 能按照规范流程完成前减振器的拆装与检查。
2. 能描述悬架系统的故障形式和故障危害。
3. 能总结前减振器拆装与检查中的注意事项。

实训器材

1. 实训车辆（以大众朗逸为例），举升机，零件车，工具车等。
2. 常用工具，汽车专用工具（如球头分离器等），吸油纸，抹布等。
3. 维修手册。

技能训练

一、操作前准备

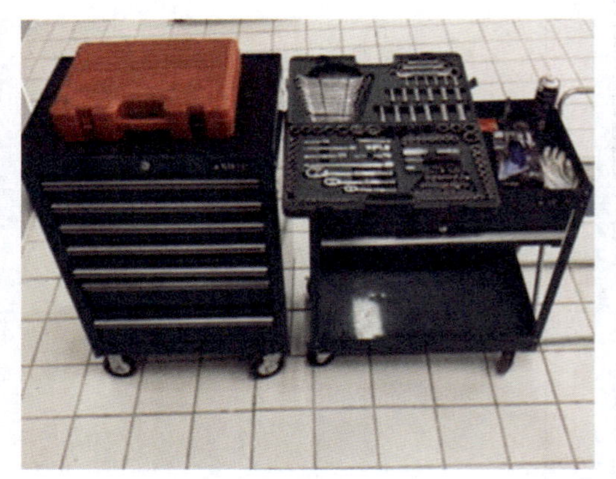

1. 将工位清理干净，准备好相关的器材。

2. 将车辆停放在举升工位上。

二、拆卸前减振器

1. 按照模块二任务 1 的方法拆卸车轮总成。

	2. 拆卸轮速传感器。
	3. 拆卸制动软管固定螺栓。
	4. 预松半轴锁紧螺栓。 **提示：**半轴锁紧螺栓拧紧力矩较大，需两人配合预松，一人踩住制动踏板，另一人使用卸力扳手预松半轴锁紧螺栓。
	5. 拆卸制动钳总成。

	6. 取下制动钳总成。 **注意：取下的制动钳总成应用挂钩挂住。**
	7. 拆下半轴锁紧螺栓和制动盘固定螺钉，取下制动盘。
	8. 拆卸转向球头螺母。
	9. 用球头分离器分离转向球头。

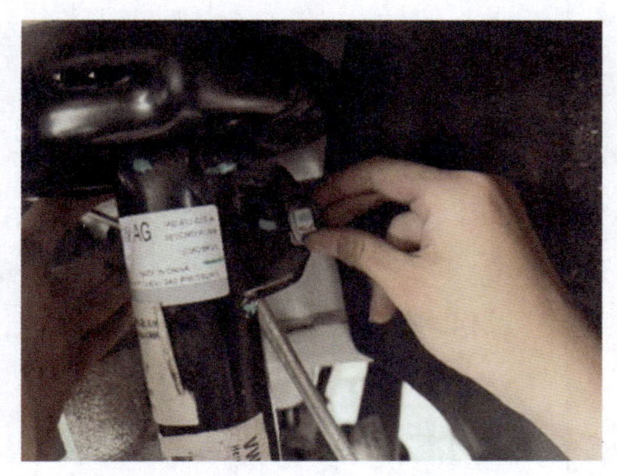	10. 拆卸稳定杆螺栓。
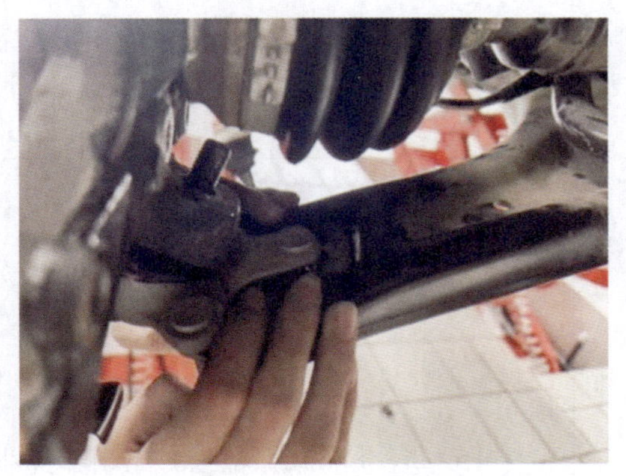	11. 拆卸下摆臂固定螺栓（3 个），用球头分离器分离主销球头。
	12. 将车轮转向节总成与半轴分离。
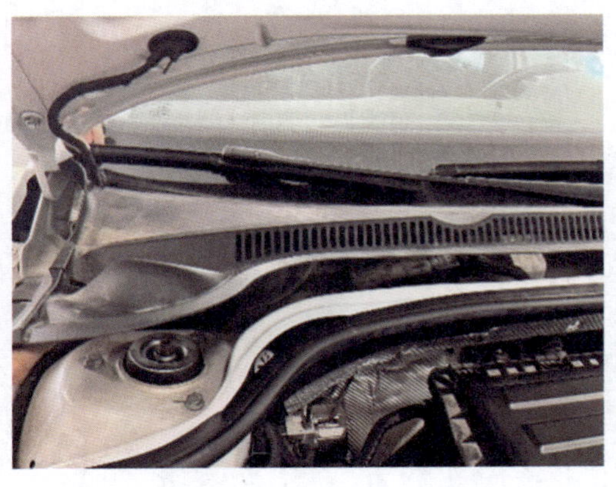	13. 拆卸挡板。

	14. 拆卸前减振器总成固定螺栓。
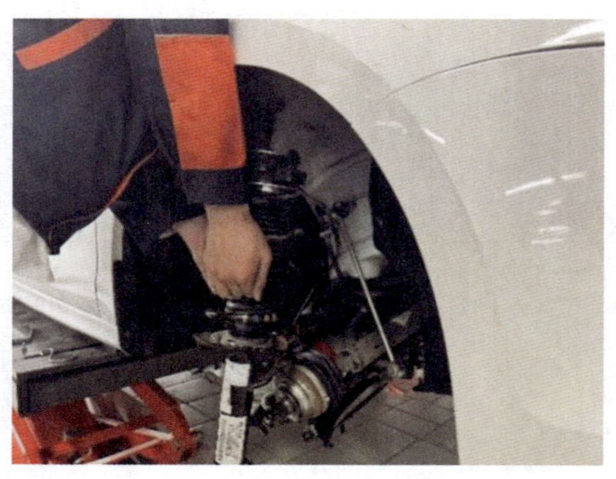	15. 取下前减振器总成和车轮转向节总成。
	16. 使用一字旋具将前减振器总成与车轮转向节总成分离。

	17. 使用专用工具将减振器与螺旋弹簧分离，并分解减振器。

三、检查前减振器

	1. 检查减振压缩活塞杆回弹性是否良好。
	2. 检查减振器防尘罩外观是否破损。

四、装复前减振器

	1. 使用专用工具压缩螺旋弹簧，安装支座总成、绝缘垫、防尘罩和上、下弹簧垫。
	2. 按规定力矩拧紧前支座自锁螺母。
	3. 使用一字旋具组装前减振器总成和车轮转向节总成。
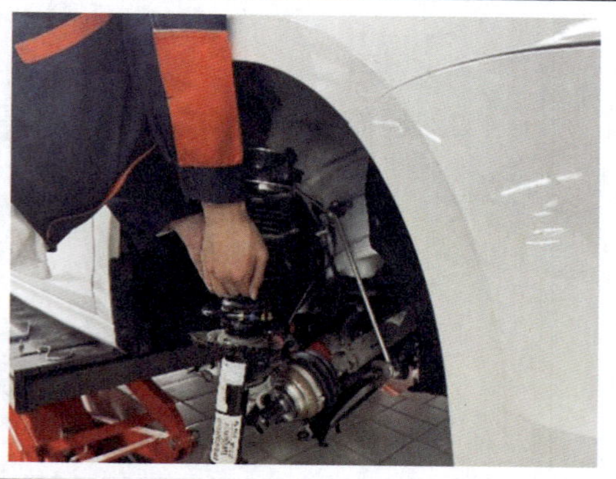	4. 安装前减振器总成和车轮转向节总成。

	5. 按规定力矩拧紧前减振器总成固定螺栓。
	6. 安装挡板。
	7. 将车轮转向节总成与半轴进行组装。
	8. 安装主销球头，并按规定力矩拧紧下摆臂固定螺栓。

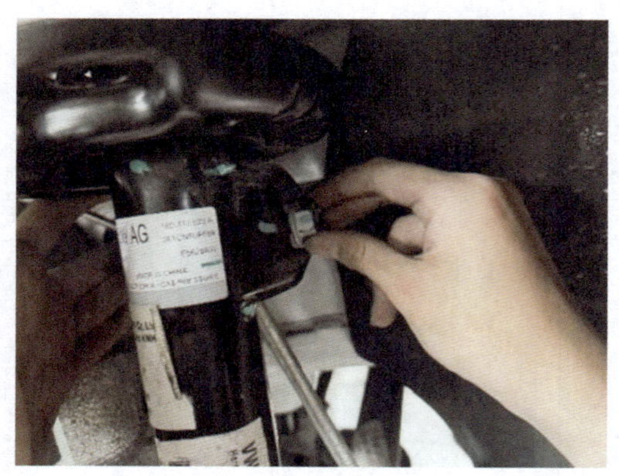	9. 按规定力矩拧紧稳定杆螺栓。
	10. 安装转向球头，并按规定力矩拧紧转向球头螺母。
	11. 安装制动盘，并按规定力矩拧紧制动盘固定螺钉和半轴锁紧螺栓。
	12. 安装制动钳总成。

	13. 按规定力矩拧紧制动软管固定螺栓。
	14. 安装轮速传感器。
	15. 按照模块二任务 1 的方法装复车轮总成。

四、操作后整理

按照“8S”管理规定打扫卫生，整理实训场地。

模块四
汽车转向系的拆装与检修

任务1 转向操纵机构的拆装

实训目标

1. 能按照规范流程完成转向操纵机构的拆装。
2. 能描述转向操纵机构的组成和功能。
3. 能总结转向操纵机构拆装中的注意事项。

实训器材

1. 实训车辆（以大众朗逸为例），举升机，零件车，工具车等。
2. 常用工具，汽车专用工具，吸油纸，抹布等。
3. 维修手册。

技能训练

一、操作前准备

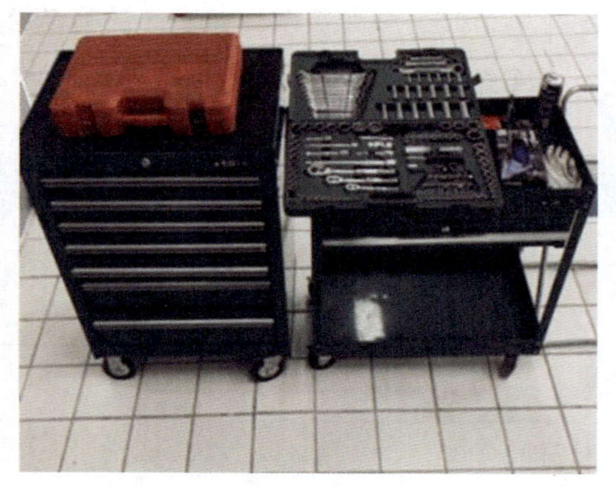	1. 将工位清理干净，准备好相关的器材。

2. 将车辆停放在举升工位上。

二、拆卸组合开关护罩

1. 使用塑料撬棒撬开组合开关上护罩。

提示：

（1）严禁野蛮操作，以防损坏护罩。

（2）正确使用塑料撬棒。

2. 向转向盘侧拉出组合开关上护罩。

3. 逆时针旋转转向盘 90°，拆卸左侧的组合开关下护罩固定螺钉。

提示：组合开关下护罩固定螺钉为花形螺钉，应选用花形套筒进行拆卸。

注意：旋转转向盘前，应使用车钥匙解锁车辆，不可使用蛮力转动转向盘。

	4. 回正转向盘，再顺时针旋转转向盘 90°，拆卸右侧的组合开关下护罩固定螺钉。
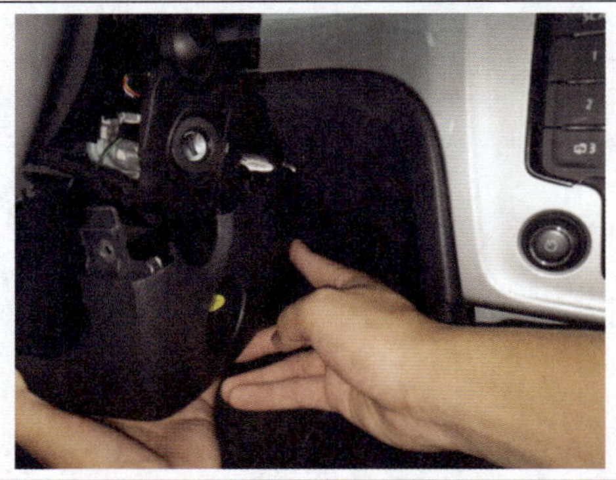	5. 取下组合开关下护罩。

三、拆卸安全气囊

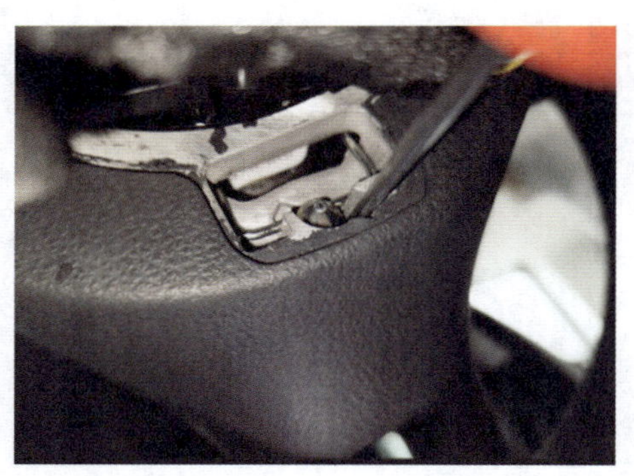	1. 逆时针旋转转向盘 90°，将一字旋具插入转向盘背面的孔中将其固定。 2. 转动旋具，使转向盘上安全气囊的右侧固定卡扣松开。 **提示：**安全气囊由 3 个固定卡扣（左侧、右侧、底部）与转向盘固定。 **注意：**使用旋具时，要注意正确方向，找准位置。
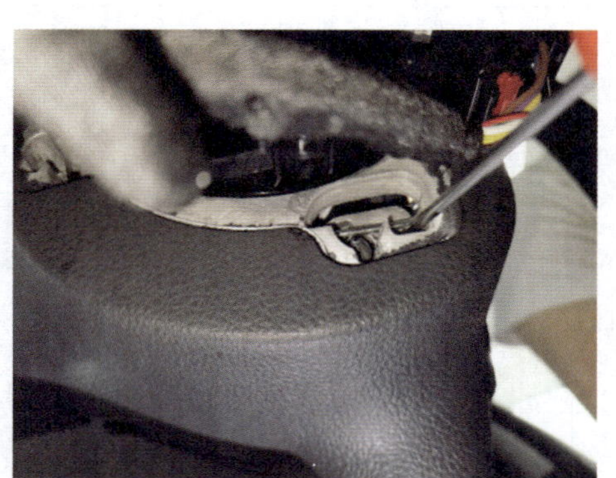	3. 继续逆时针旋转转向盘 90°，用同样的方法使转向盘上安全气囊的底部固定卡扣松开。 4. 继续逆时针旋转转向盘 90°，用同样的方法使转向盘上安全气囊的左侧固定卡口松开。 **提示：**拆卸安全气囊需要连续旋转转向盘 90° 三次，且保持同一方向。

	5. 分离安全气囊线束插头，取下安全气囊。 提示：分离线束插头时，切勿使用蛮力，以免损坏线束。

四、拆卸转向盘和组合开关总成

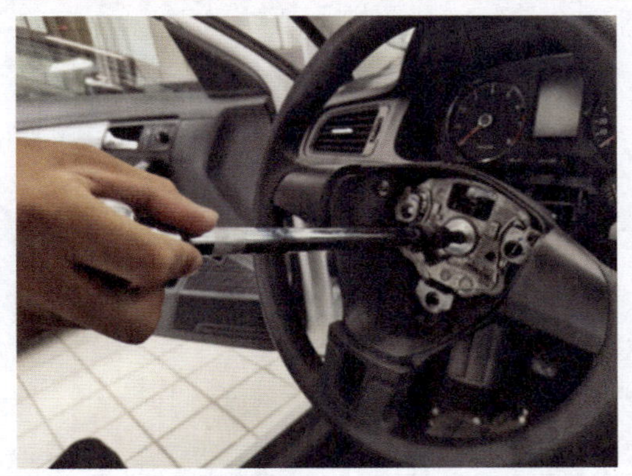	1. 拆下转向盘固定螺栓。 提示：拆卸时应回正转向盘。
	2. 从转向柱上拔出转向盘。
	3. 分离组合开关相关插头。

	4. 使用十字旋具拆卸连接螺钉。 提示：螺钉应妥善放置，以免丢失。
	5. 取下组合开关总成。 提示：取下时，应标记位置。

五、拆卸仪表板左下护罩及其他附件

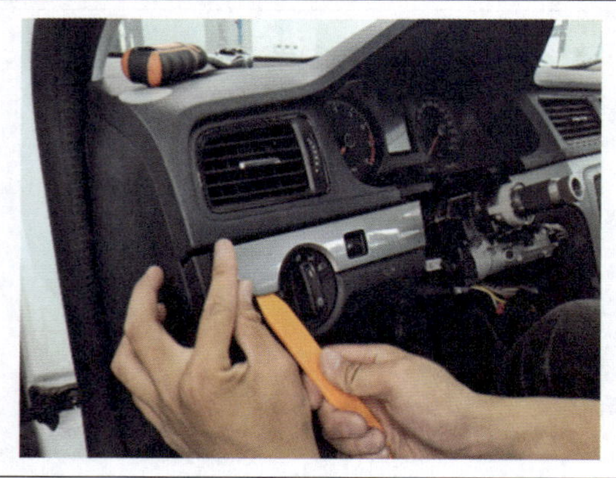	1. 使用塑料撬棒拆下仪表板侧饰板。 提示：严禁野蛮操作，以防损坏饰板。
	2. 使用塑料撬棒拆下仪表板侧面盖板。

	3. 拆卸仪表板左下护罩侧面固定螺钉。
	4. 拆卸仪表板左下护罩正面固定螺钉。 **提示：此处有5个螺钉，上部3个，下部2个。**
	5. 分离车灯开关连接器，取下仪表板左下护罩。
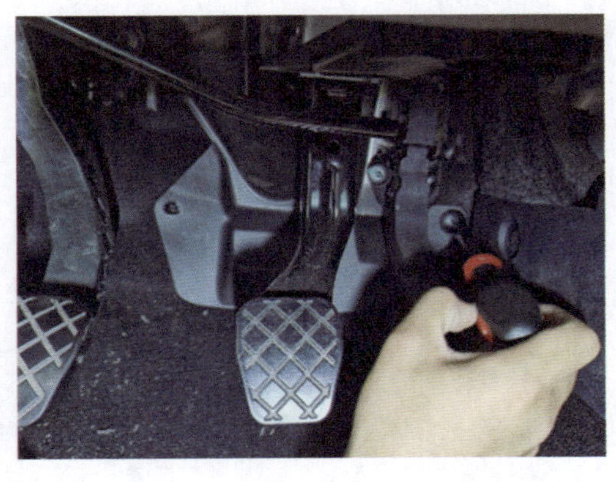	6. 拆卸并取下底部盖板。

六、拆卸车锁

1. 分离与车锁连接的线束插头。

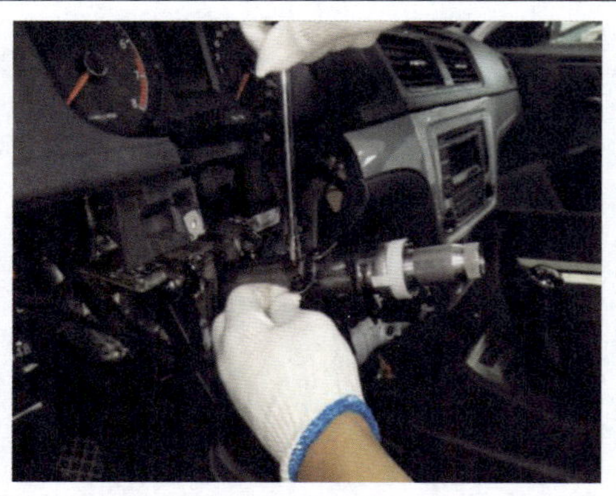

2. 拆卸车锁固定螺栓，从转向柱上取下车锁。

七、拆卸转向柱

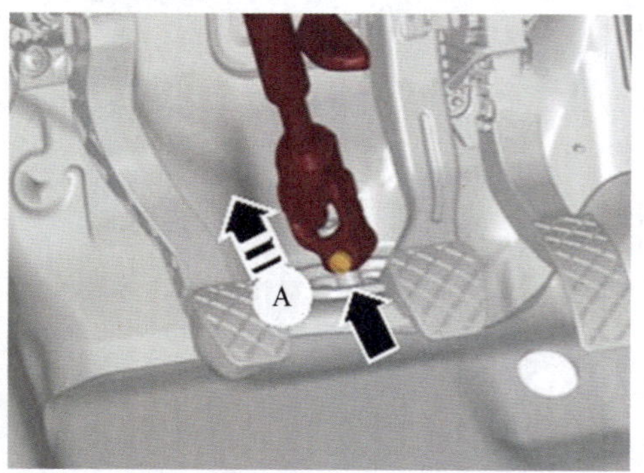

1. 拆卸转向柱下方固定螺栓，并沿箭头 A 方向拔出万向节。

提示：转向柱到转向器的固定螺栓，安装时需更换新件。

	2. 拆卸转向柱上端与横梁固定的左侧内六角螺栓。 **提示：**拆卸时，应向上提起转向柱，以免砸伤。
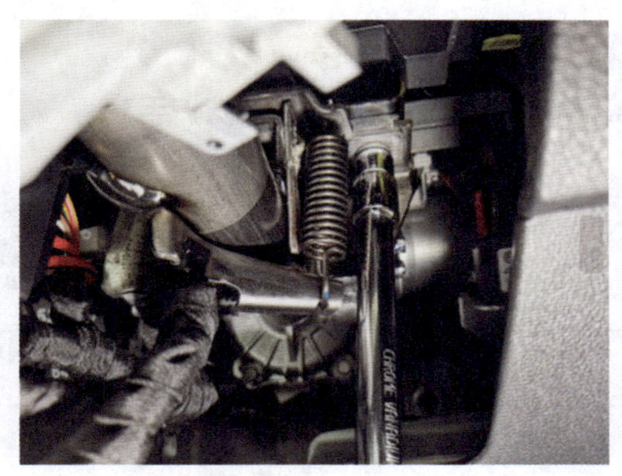	3. 拆卸转向柱上端与横梁固定的右侧内六角螺栓。 **提示：**拆卸时，应向上提起转向柱，以免砸伤。
	4. 拆卸转向柱中部与固定支架固定的六角螺母和长螺栓，并取下转向柱。 **提示：** （1）拆卸时，应向上提起转向柱，以免砸伤。 （2）长螺栓贯穿转向柱固定支架，取出时，需托起转向柱。

八、装复转向操纵机构

按照与拆卸转向操纵机构相反的顺序进行装复，注意使用专用工具按规定力矩拧紧各螺栓。

九、操作后整理

按照“8S”管理规定打扫卫生，整理实训场地。

任务❷ 转向臂和转向球头的拆装

实训目标

1. 能按照规范流程完成转向臂和转向球头的拆装。
2. 能描述转向球头的结构和功能。
3. 能总结转向臂和转向球头拆装中的注意事项。

实训器材

1. 实训车辆（以大众朗逸为例），举升机，零件车，工具车等。
2. 常用工具，汽车专用工具（如球头分离器等），吸油纸，抹布，防护手套等。
3. 维修手册。

技能训练

一、操作前准备

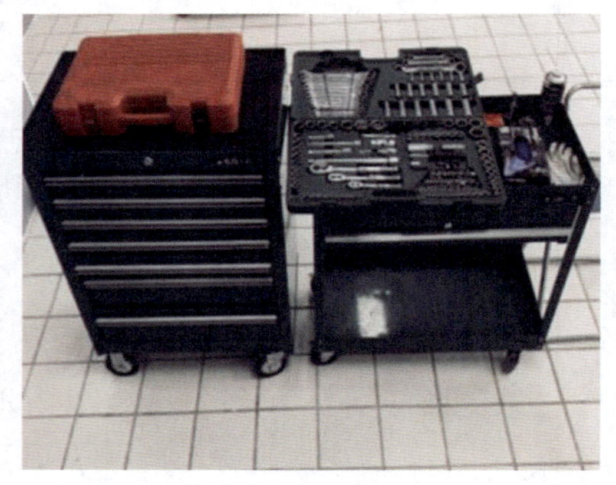	1. 将工位清理干净，准备好相关的器材。
	2. 将车辆停放在举升工位上。

二、拆卸转向球头

1. 按照模块二任务1的方法拆卸车轮总成，并放置在安全位置。

2. 预松转向球头螺母。

提示：这里暂且不用取下螺母，以防转向球头顶开后在冲击作用下弹出误伤操作人员。

3. 安装球头分离器，并分离转向球头。

（1）将球头分离器的叉口放置在球头销和转向节之间。

（2）使用两用扳手调节球头分离器的螺杆，施加压力使球头分离器另一端顶住球头销底部，直到转向球头从接合处弹出。

提示：使用正确尺寸的球头分离器，以防损坏转向球头或转向节。

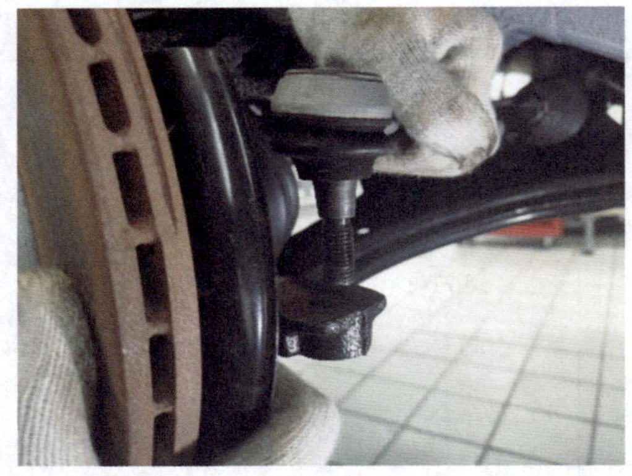

4. 拆下转向球头螺母；随后拔出球头销，与转向节分离。

三、拆卸转向臂

1. 使用 19 mm、21 mm 两用扳手配合预松转向臂固定螺母。

提示：19 mm 两用扳手卡住转向臂保持不动，21 mm 两用扳手卡住螺母顺时针转动，与转向臂分离。

2. 逆时针旋转转向臂。

提示：旋转过程中，记录旋转圈数，直至取下转向臂，以确保安装时位置一致。

3. 取下转向臂，并检查转向球头。

提示：检查转向球头的活动是否自如，有无异常摩擦声或阻力。

四、装复转向臂和转向球头

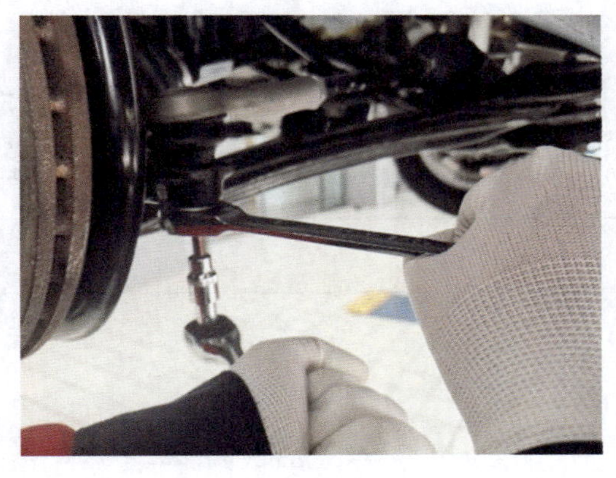

1. 按照与拆卸相反的顺序安装转向臂和转向球头，按规定力矩拧紧转向臂固定螺母和转向球头螺母。

2. 按照模块二任务 1 的方法装复车轮总成。

五、操作后整理

按照“8S”管理规定打扫卫生，整理实训场地。

任务3 转向器总成的拆装

实训目标

1. 能按照规范流程完成转向器总成的拆装。
2. 能描述转向器总成的组成和功能。
3. 能总结转向器总成拆装中的注意事项。

实训器材

1. 实训车辆（以大众朗逸为例），举升机，零件车，工具车等。

2. 常用工具，汽车专用工具（如球头分离器等），液压举升装置，吸油纸，抹布，安全帽，防护手套等。

3. 维修手册。

技能训练

一、操作前准备

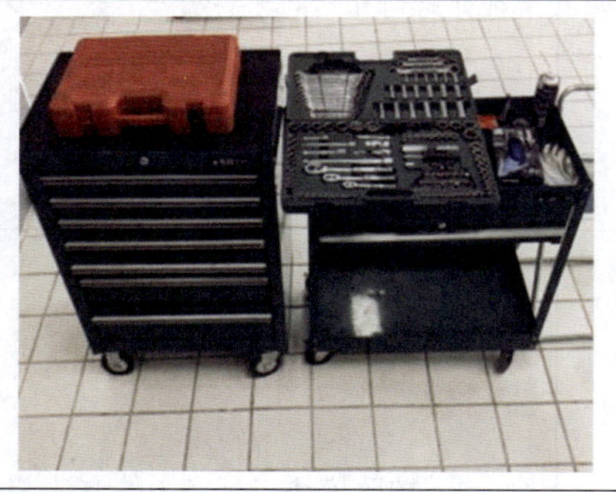	1. 将工位清理干净，准备好相关的器材。
	2. 将车辆停放在举升工位上。

二、拆卸转向器总成

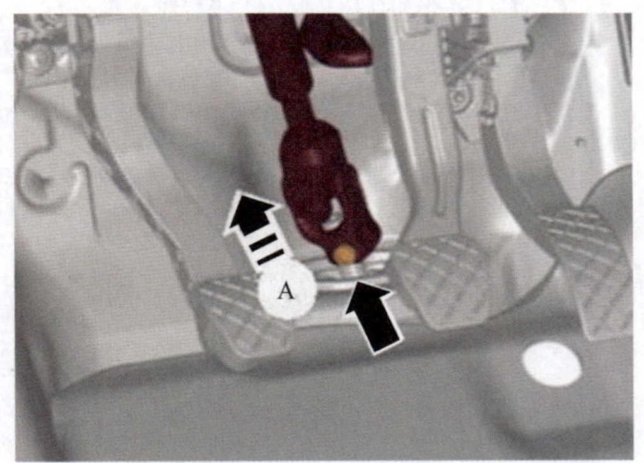

1. 拆卸转向柱下方固定螺栓，并沿箭头 A 方向拔出万向节。

2. 按照模块四任务 2 的方法拆卸两侧转向臂。

3. 举升车辆至合适高度。

注意：举升机处于高位时，在车辆下方作业需要佩戴安全帽。

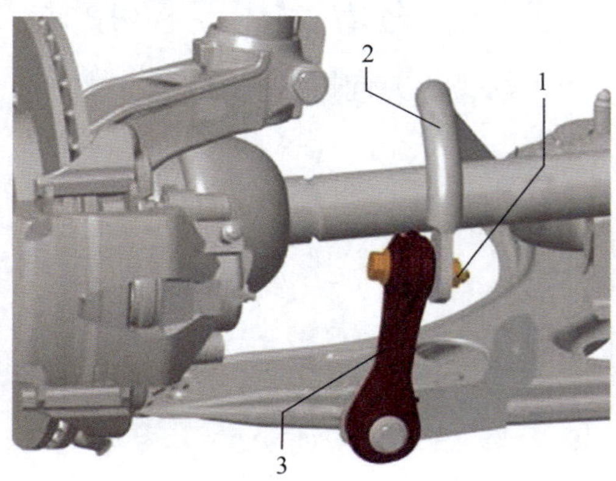

4. 将六角螺母 1 从连杆 3（左侧和右侧）上拆下，再将连杆 3 分别从稳定杆 2（左侧和右侧）上拉出。

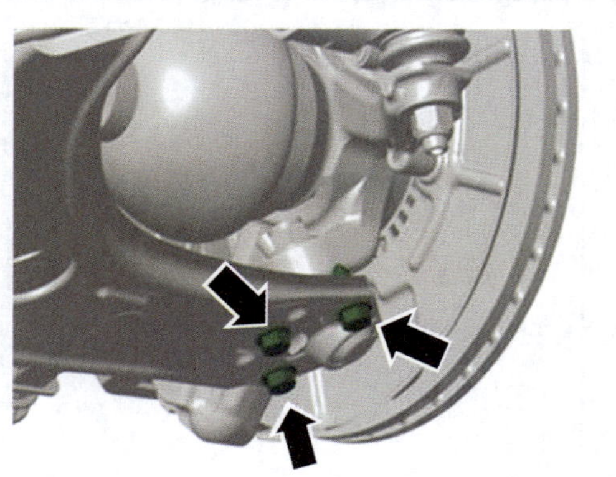

5. 拆卸副横梁两侧下摆臂的固定螺栓（3 个），从下摆臂上拉出主销球头。

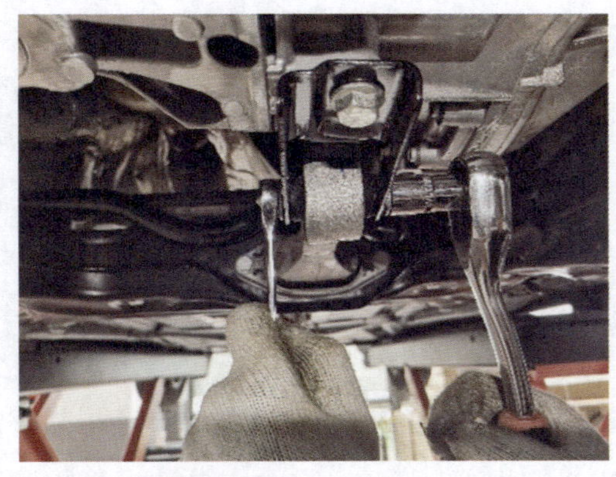

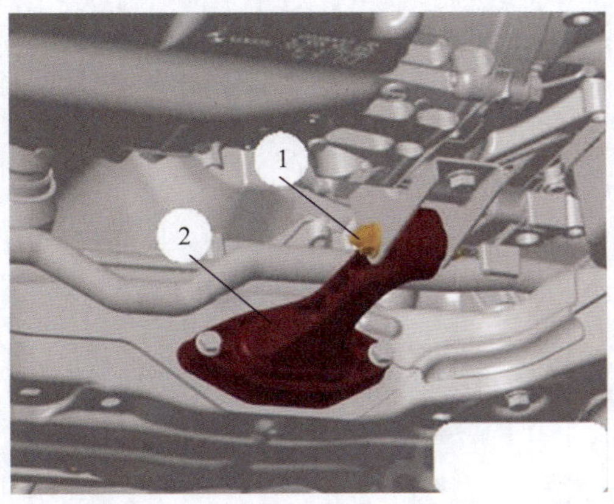

6. 使用两用扳手和套筒配合拆卸摆动支撑 2 的固定螺栓 1。

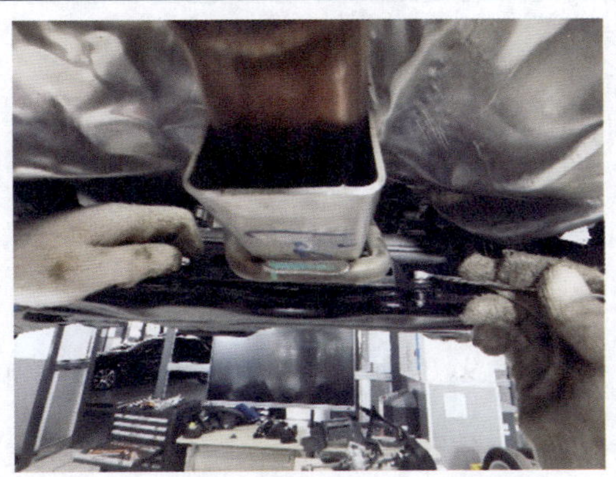

7. 从副横梁上松开前排气管支架的固定螺栓。

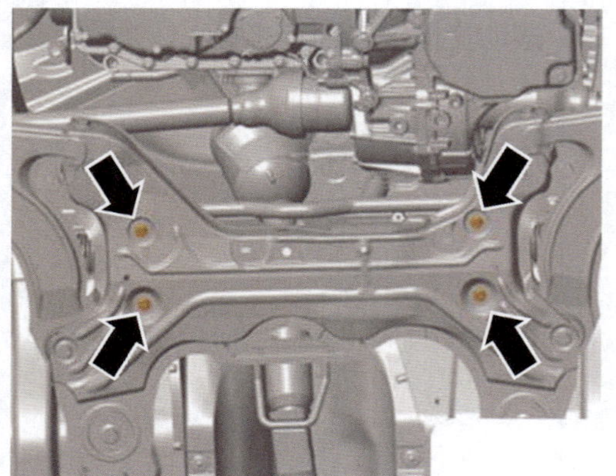

8. 从副横梁上拆下转向器总成固定螺栓。

提示：此处有 4 个六角螺栓。

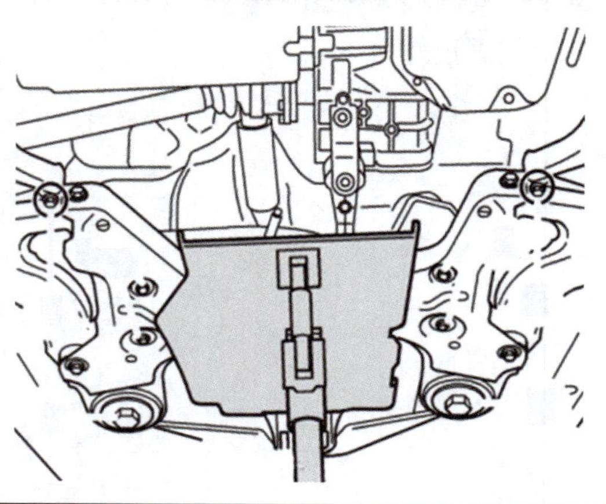

9. 使用液压举升装置顶起副横梁。

提示：调整液压举升装置与副横梁接触，为拆卸副横梁做准备，但不可过分举升导致整车与举升机分离，带来安全隐患。

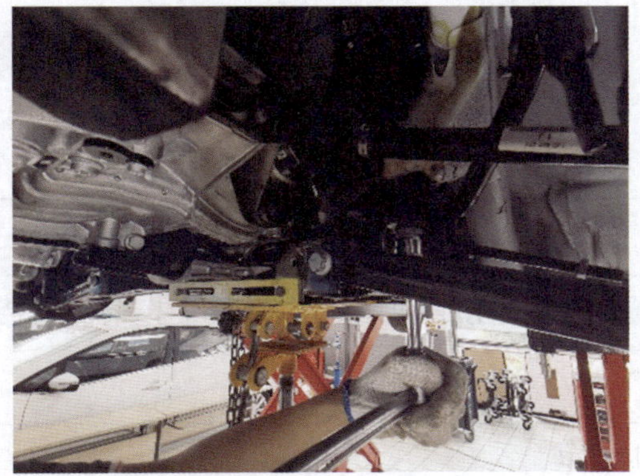

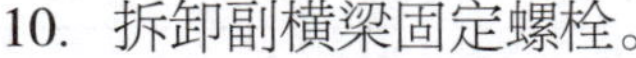

10. 拆卸副横梁固定螺栓。

提示：此处有 4 个螺栓。

11. 降下液压举升装置，带动副横梁下降适当高度。

提示：副横梁下降约 20 cm，下降过程中应手扶转向器总成，低速缓慢下降。

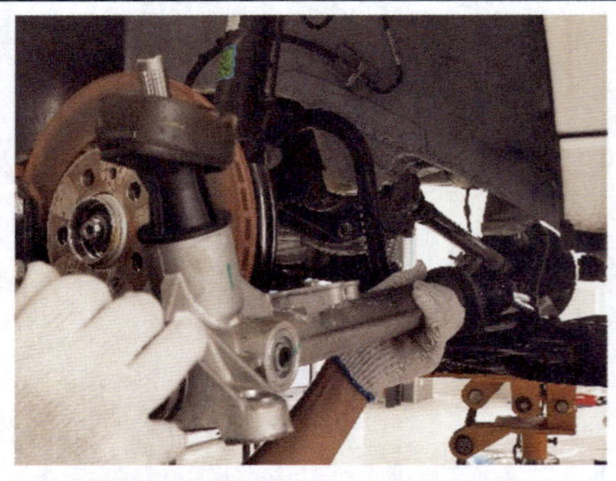 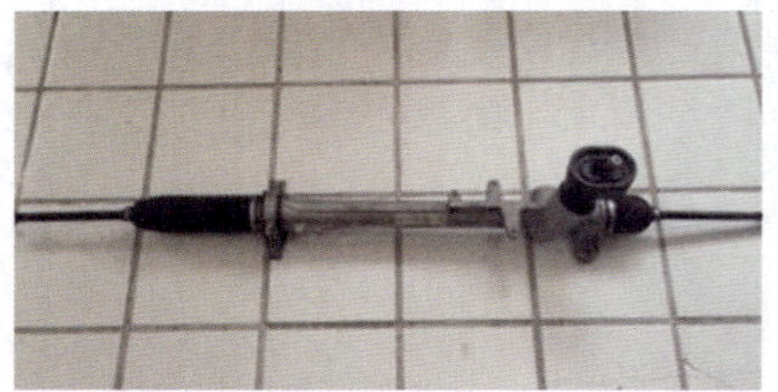	12. 取下转向器总成。

三、装复转向器总成

按照与拆卸转向器总成相反的顺序进行装复，注意使用专用工具按规定力矩拧紧各螺栓。

四、操作后整理

按照“8S”管理规定打扫卫生，整理实训场地。

 知识链接

一、分解转向器总成

	1. 拆卸转向器防尘罩夹箍。
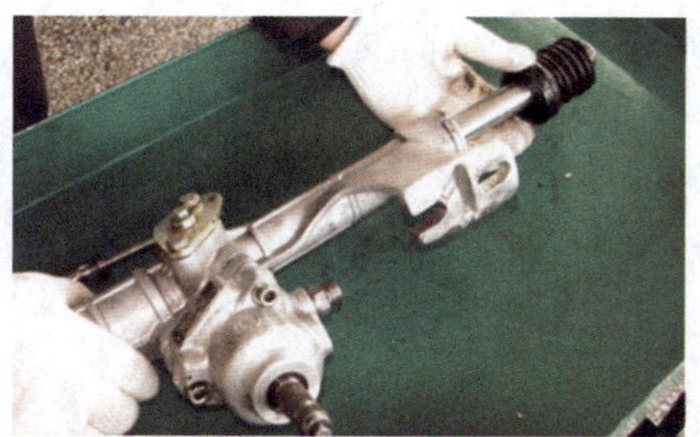	2. 取下转向器防尘罩、挡圈。 **提示：**防尘罩、挡圈的作用是防止灰尘进入转向器内部。

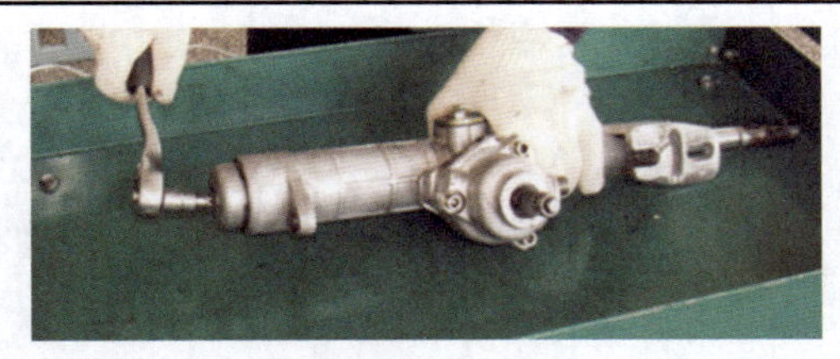	3. 拆卸转向器挡盖。
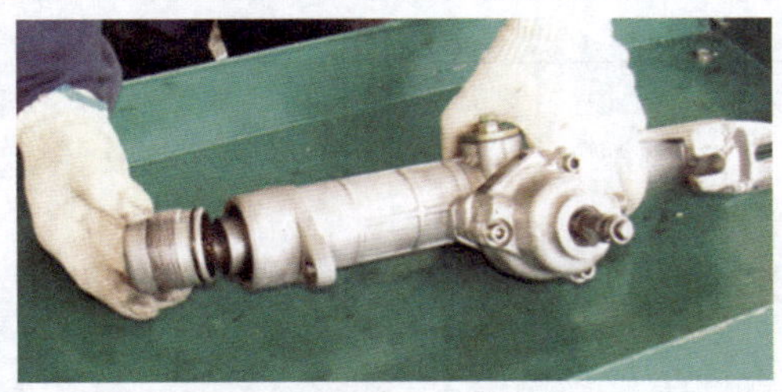	4. 取出卡环、O 形密封圈、弹簧、调整螺栓。
	5. 松开转阀盖固定螺栓。 提示：此处有 3 个 M8 内六角螺栓。
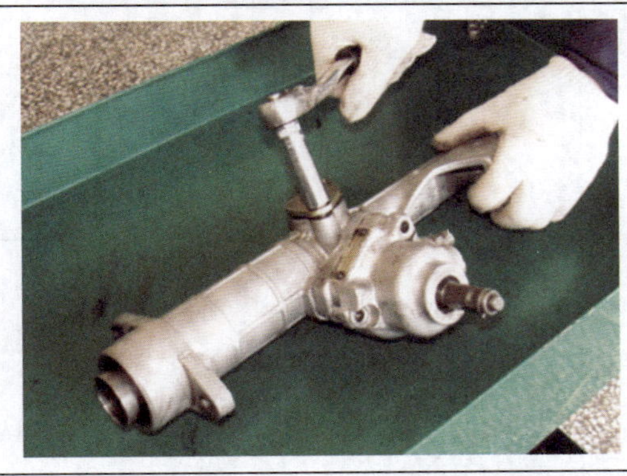	6. 拆卸调整螺栓盖固定螺栓。
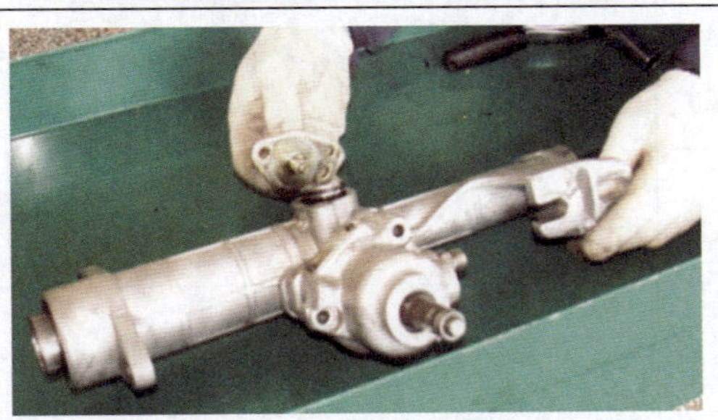	7. 取下调整螺栓盖。 提示：取下调整螺栓盖时用手压住，以防弹簧弹出活塞伤人。
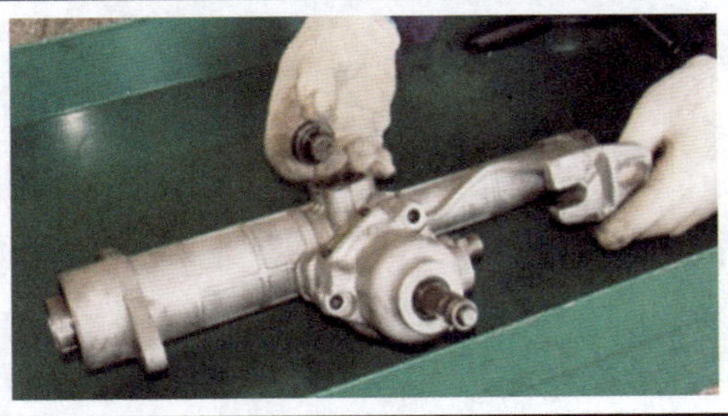	8. 取下调整活塞。 提示：如果活塞在阀体中卡死，不可以强拆，可用煤油浸泡、清洁后取出。

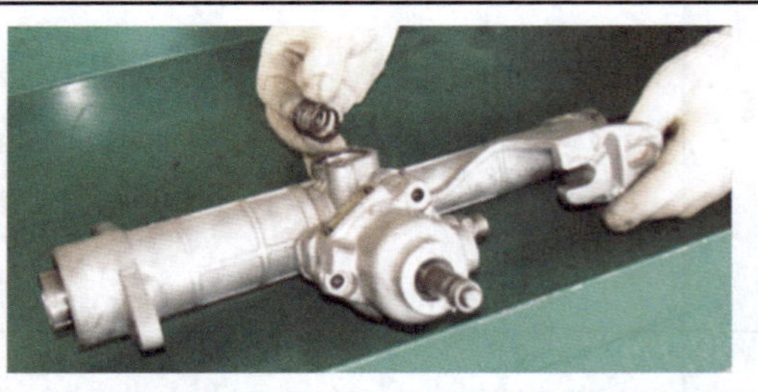	9. 取出调整弹簧。
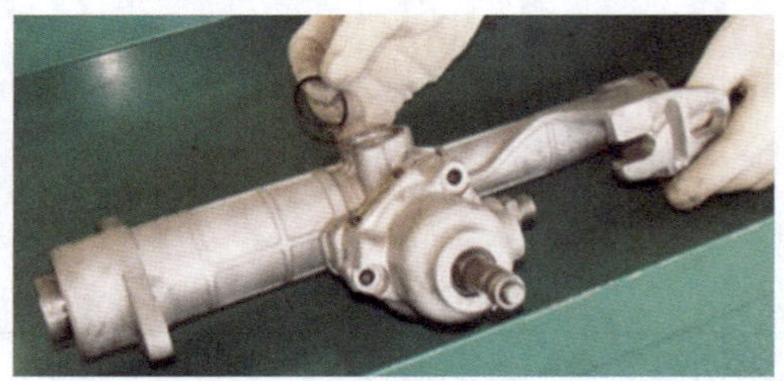	10. 取出密封圈。
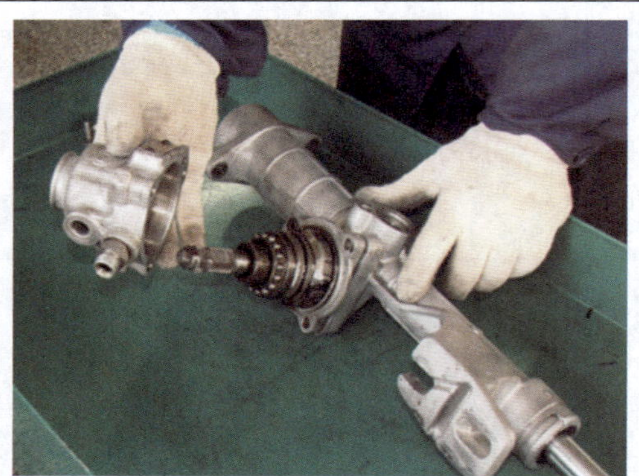	11. 取下转阀盖。
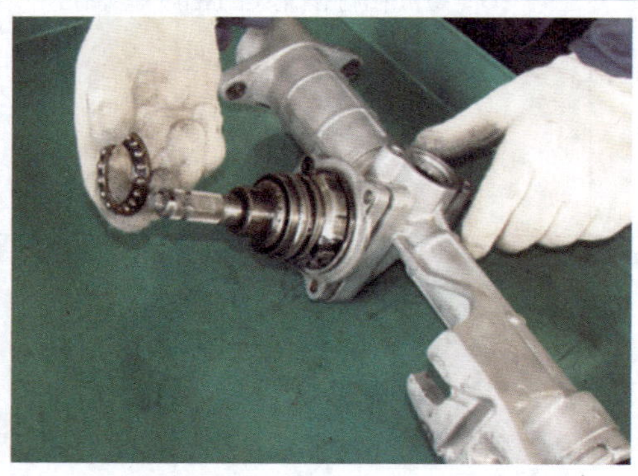	12. 取出转阀上轴承。 提示：取出轴承时避免滚珠掉落。
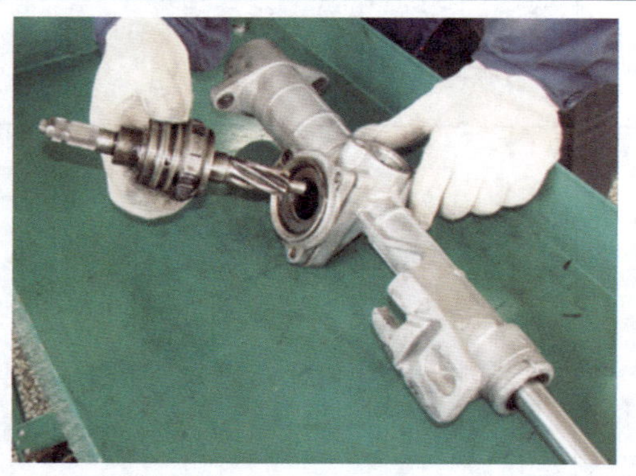	13. 拆卸转阀和小齿轮。

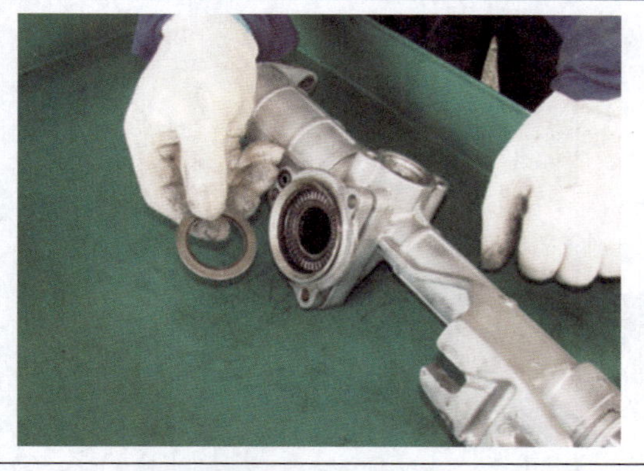	14. 取下转阀下轴承和垫片。 提示：取下垫片时，在垫片正、反面做一个记号，以防安装时出错。
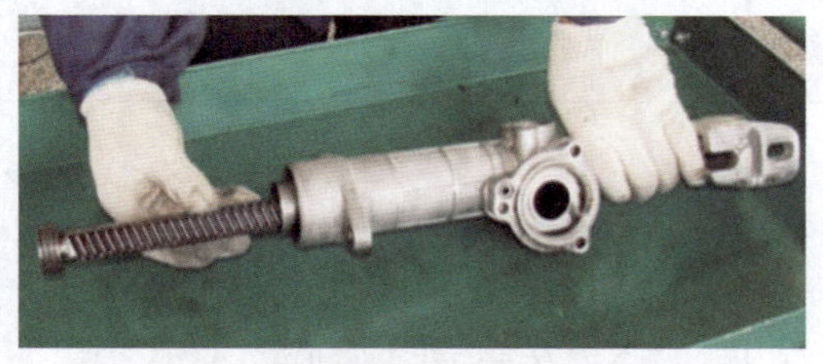	15. 拉出齿条。 提示：一边旋转，一边将齿条拉出。

二、组装转向器总成

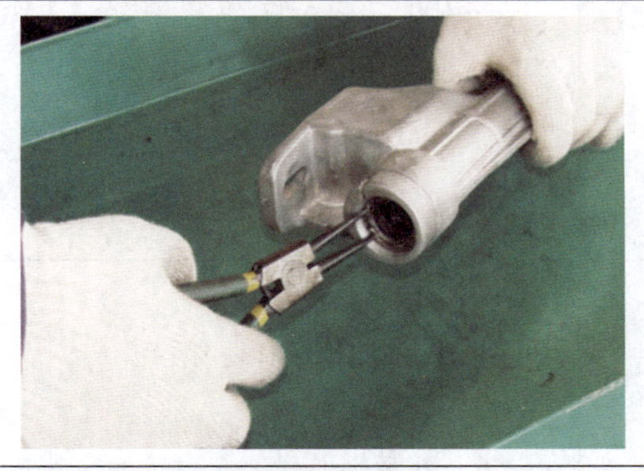	1. 更换转向器油封。 提示：转向器油封不可重复使用，需更换新件。
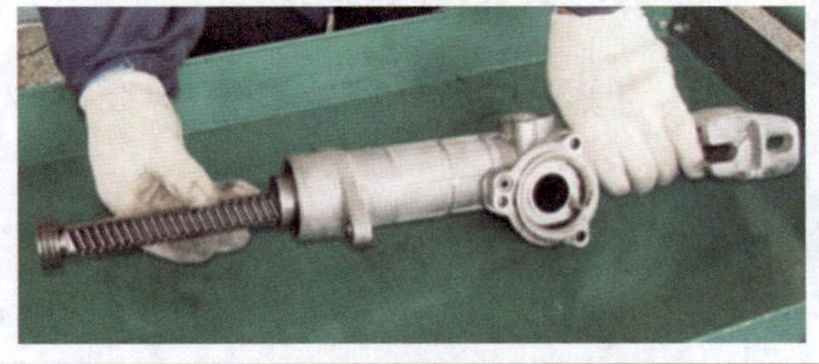	2. 插进齿条。 提示：一边旋转，一边插进齿条。
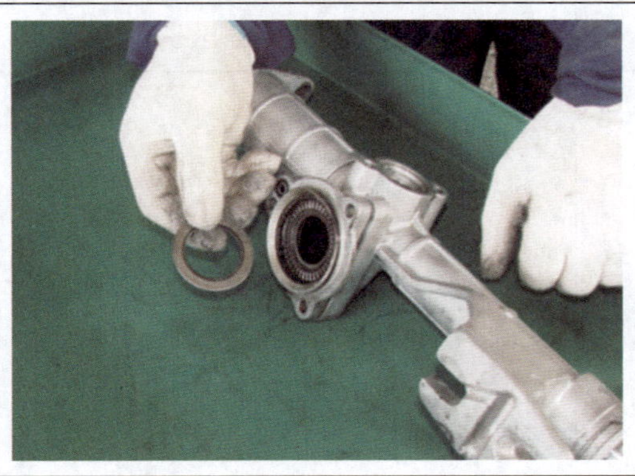	3. 安装转阀下轴承和垫片。 提示：检查轴承是否磨损，若是，应更换。

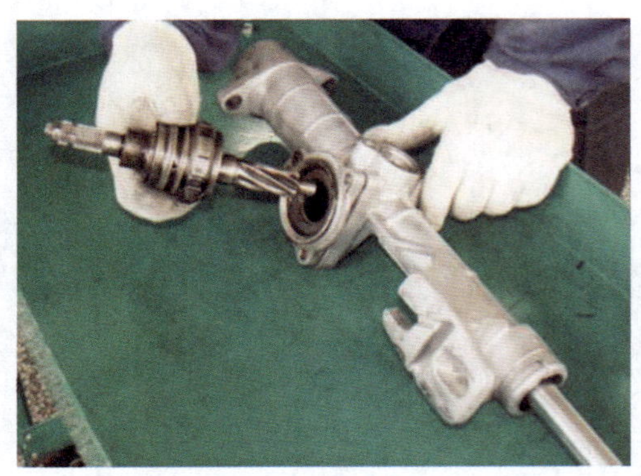	4. 安装转阀和小齿轮。 提示：检查小齿轮是否磨损，若是，应更换。
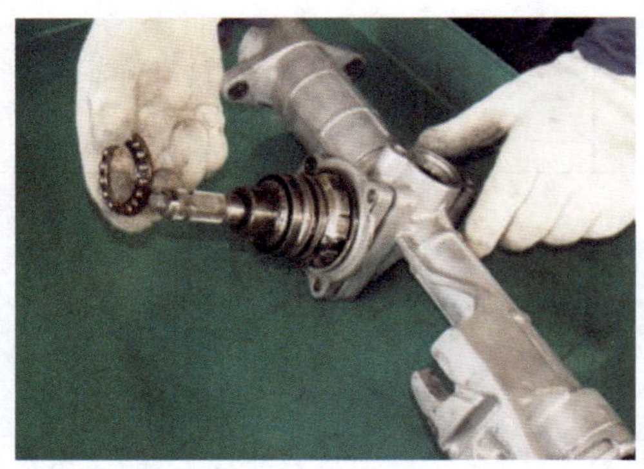	5. 安装转阀上轴承。 提示：检查轴承磨损情况，并注意方向。
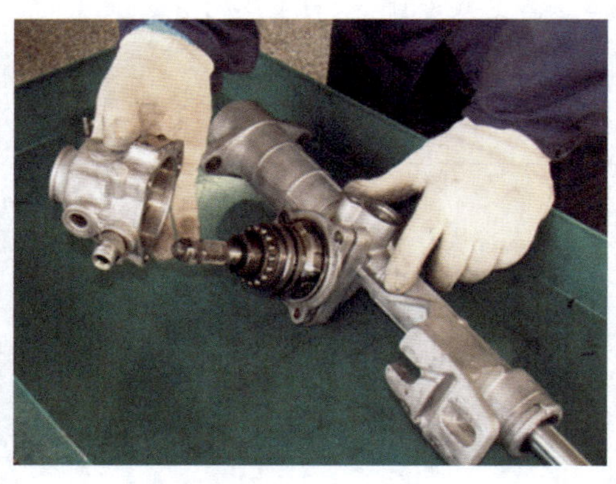	6. 安装转阀盖。 提示：接口处要涂密封胶，以防漏油。
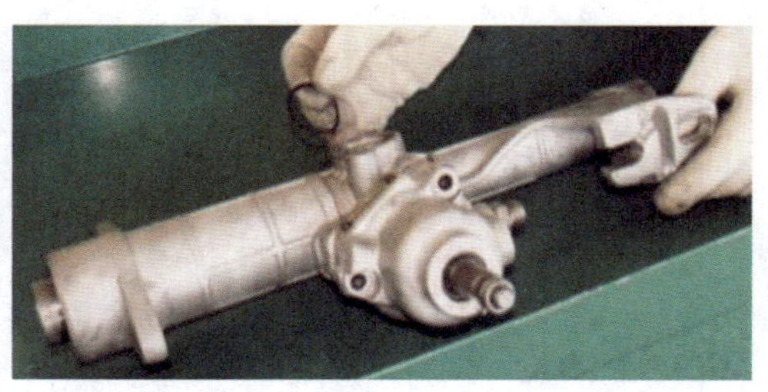	7. 安装密封圈。 提示：更换新密封圈，并涂上润滑脂。

	8. 安装调整弹簧。 提示：检查弹簧的弹性是否正常，若不正常，应更换。
	9. 安装调整活塞。 提示：检查活塞在阀体中能否灵活运动。
	10. 安装调整螺栓盖。
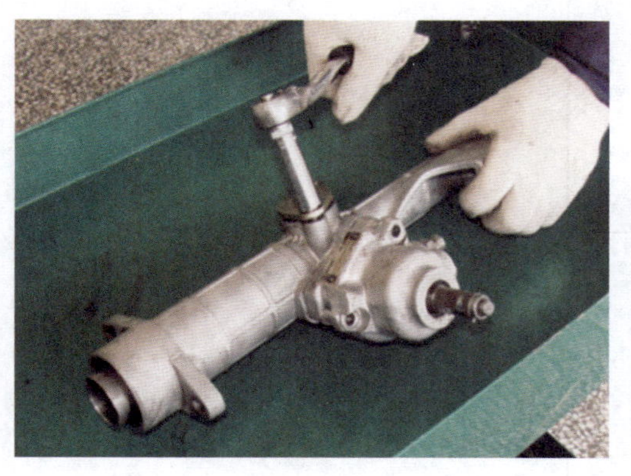	11. 按规定力矩拧紧调整螺栓盖固定螺栓。
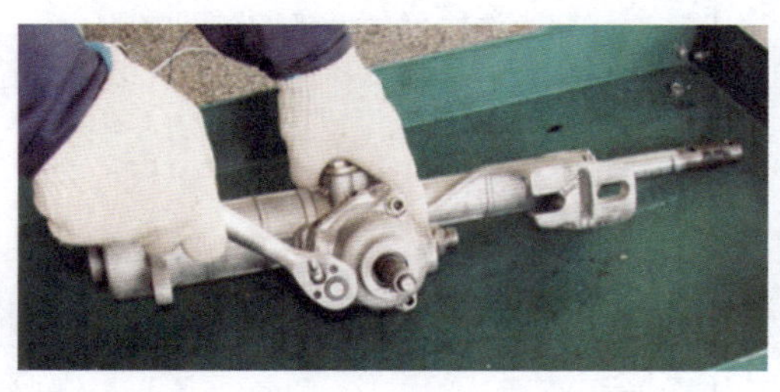	12. 按规定力矩拧紧转阀盖固定螺栓。

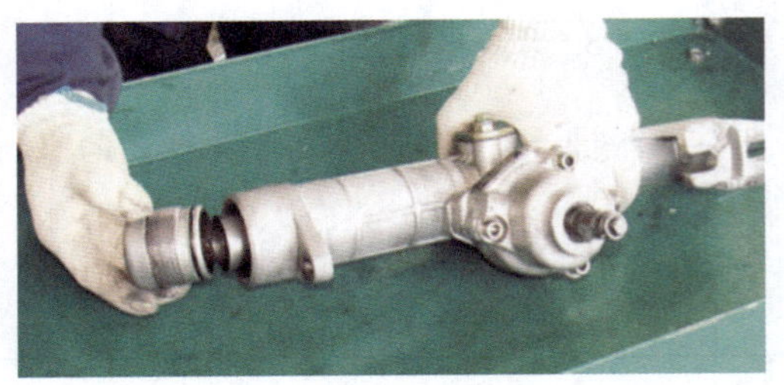	13. 装入卡环、O形密封圈、弹簧、调整螺栓。 **提示：** 应检查卡环、O形密封圈、弹簧是否损坏，若是，应更换。
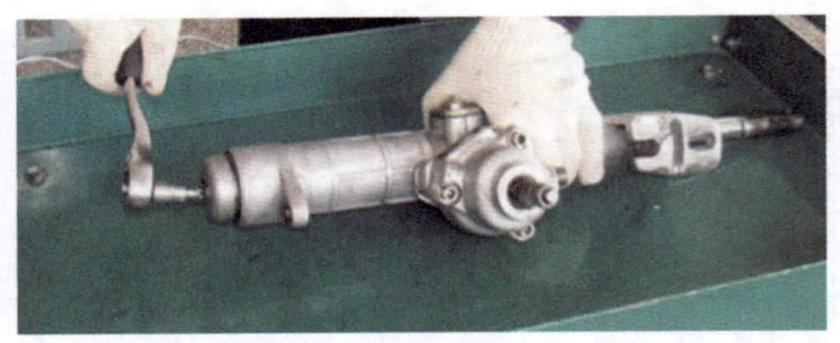	14. 安装转向器挡盖。
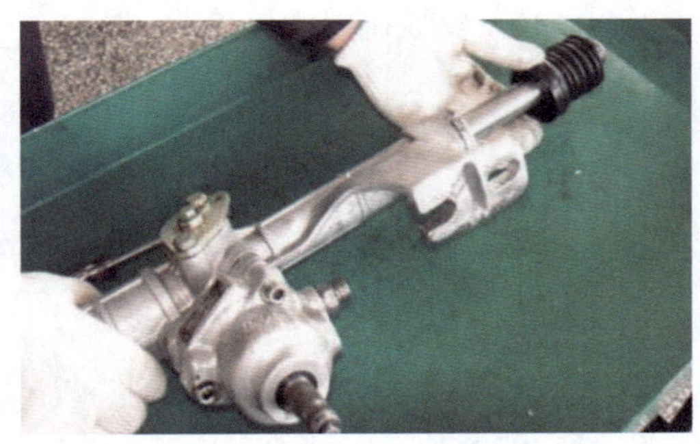	15. 安装转向器防尘罩、挡圈。 **提示：** 防尘罩、挡圈不可重复使用，需更换新件。
	16. 安装转向器防尘罩夹箍。

模块五 汽车传动系的拆装与检修

任务1 半轴的拆装与检查

实训目标

1. 能按照规范流程完成半轴的拆装与检查。
2. 能描述半轴的组成和功能。
3. 能总结半轴拆装与检查中的注意事项。

实训器材

1. 实训车辆（以大众朗逸为例），举升机，零件车，工具车等。

2. 常用工具，汽车专用工具（如球头分离器、专用拉具等），润滑脂，吸油纸，抹布，防护手套等。

3. 维修手册。

技能训练

一、操作前准备

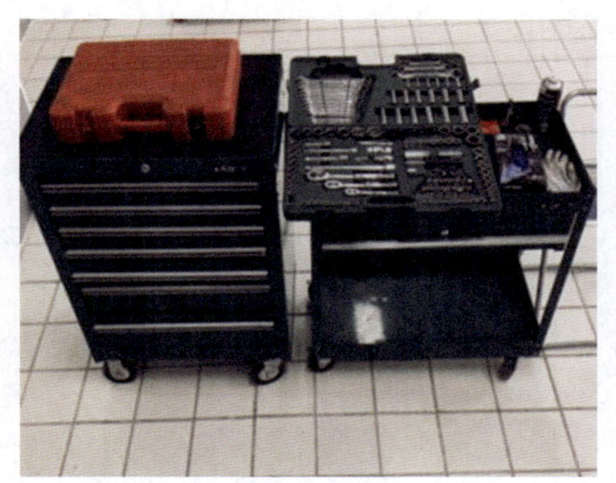	1. 将工位清理干净，准备好相关的器材。

	2. 将车辆停放在举升工位上。

二、拆卸半轴

	1. 按照模块二任务1的方法拆卸车轮总成。
	2. 拆卸半轴法兰螺栓。 **提示：**此处有6个螺栓，分2~3次对角拧松。
	3. 拆卸下摆臂在车轮轴承壳上的固定螺栓。 **提示：**可使用弯柄套筒扳手。

	4. 用球头分离器压出主销球头。 提示：严禁野蛮操作。
	5. 拆卸轮毂轴端的半轴锁紧螺栓。
	6. 从车轮轴承壳内拉出半轴。 提示：使用专用拉具将半轴拉出。 注意： （1）拆卸半轴时，不能加热轮毂，否则会损坏车轮轴承。 （2）拆下半轴后，不得向下悬吊半轴，不得移动车辆，以免损坏车轮轴承。
	7. 取出半轴。 提示：半轴的作用是使动力在不同轴心的两轴间甚至在工作过程中相对位置不断变化的两轴间传递。

三、检查半轴

	 1. 检查半轴轴体。 **提示：**检查半轴轴体是否有裂纹、磨损。若是，应更换新的半轴总成。
	2. 检查外万向节防尘罩夹箍。 **提示：**检查外万向节防尘罩上的大、小夹箍是否变形、断裂。若是，应更换新的夹箍。
	3. 检查外万向节花键和防尘罩。 **提示：**检查外万向节花键是否有裂纹、缺齿，检查防尘罩是否脏污、破裂、龟裂。若是，应更换新的半轴总成。
	4. 检查外万向节（球笼式）。 **提示：**转动外万向节，检查外球笼球道、钢珠是否卡滞、磨损，检查外球笼有无裂纹。

5. 检查内万向节防尘罩夹箍。

提示：检查内万向节防尘罩上的大、小夹箍是否变形、断裂。若是，应更换新的夹箍。

6. 检查内万向节花键和防尘罩。

提示：检查内万向节花键是否有裂纹、缺齿，检查防尘罩是否脏污、破裂、龟裂。若是，应更换新的半轴总成。

7. 检查内万向节（三销轴式）。

提示：转动内万向节，检查是否卡滞、磨损。

四、装复半轴

1. 将半轴装回车轮轴承壳内。

提示：在内万向节花键上涂润滑脂。

	2. 按规定力矩拧紧半轴法兰螺栓。
	3. 连接轮毂与半轴。 **提示：将轮毂内花键与半轴外万向节花键进行连接。**
	4. 安装主销球头，并按规定力矩拧紧下摆臂在车轮轴承壳上的固定螺栓。
	5. 按规定力矩拧紧轮毂轴端的半轴锁紧螺栓。

	6. 按照模块二任务 1 的方法装复车轮总成。

五、操作后整理

按照“8S”管理规定打扫卫生，整理实训场地。

任务2 变速器和离合器的拆卸与检查

实训目标

1. 能按照规范流程完成变速器总成的拆卸与检查。
2. 能按照规范流程完成离合器和离合器总泵的拆卸与检查。
3. 能总结变速器和离合器拆卸中的注意事项和检查要点。

实训器材

1. 实训车辆（以大众朗逸为例），举升机，千斤顶，翻转台架，零件车，工具车等。
2. 常用工具，汽车专用工具（如离合器对心工具等），吸油纸，抹布等。
3. 维修手册。

技能训练

一、操作前准备

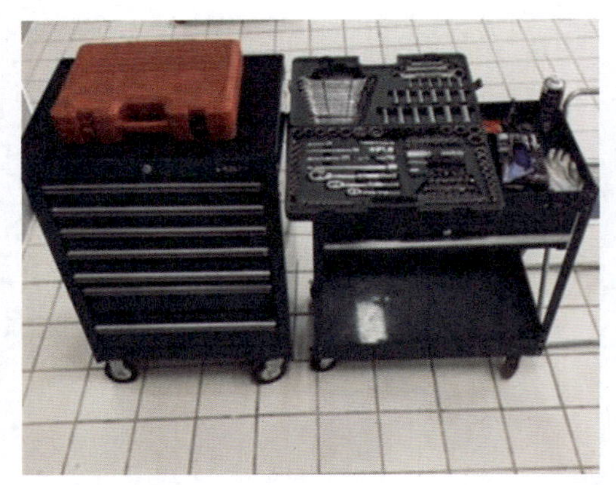	1. 将工位清理干净，准备好相关的器材。
	2. 将车辆停放在举升工位上。
	3. 关闭点火开关，拆卸蓄电池负极电缆。 **提示：** （1）拆卸蓄电池负极电缆前，对带有故障自诊断功能的车辆，应用故障诊断仪读取故障代码，以防止故障代码和有关资料信息丢失。 （2）拆卸前，必须关闭点火开关。

二、拆卸离合器工作缸

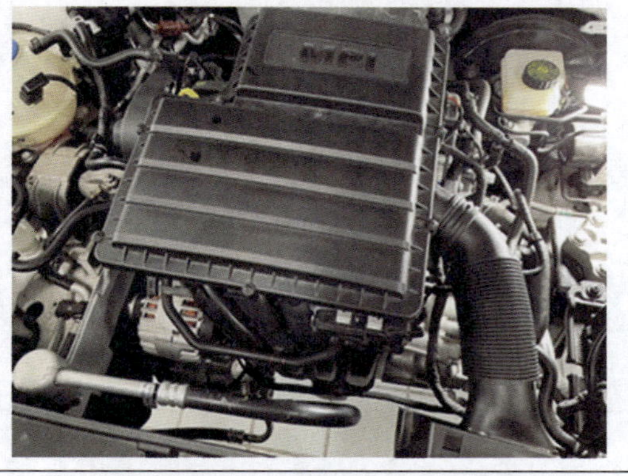	1. 拆卸空气滤清器壳体。 提示：严禁野蛮操作，以防损坏车身。
	2. 将组合管路的夹箍拔出，从卡座中拔出管路。 提示：从离合器工作缸中拔出管路并密封。
	3. 拆卸离合器工作缸的固定螺栓，并取下离合器工作缸。 提示：拆下离合器工作缸后，不允许再踩离合器踏板，以防活塞被压出。

三、拆卸换挡杆

	1. 旋下换挡杆手柄。

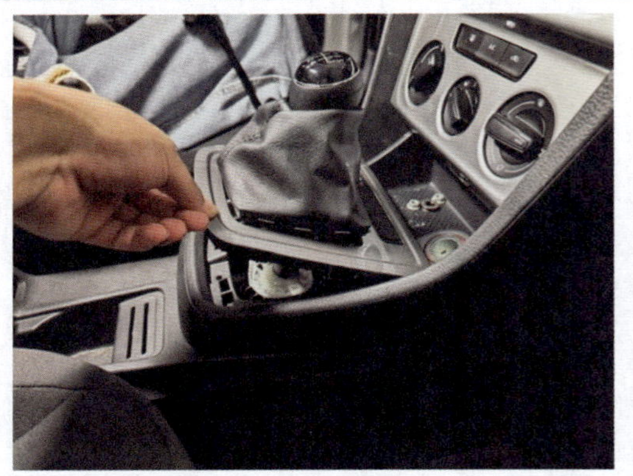	2. 拆卸换挡杆防尘罩。 提示：拆卸防尘罩时，用手将盖板先向后推压，然后再提起。
	3. 拆卸上换挡杆，使上、下换挡杆分离。
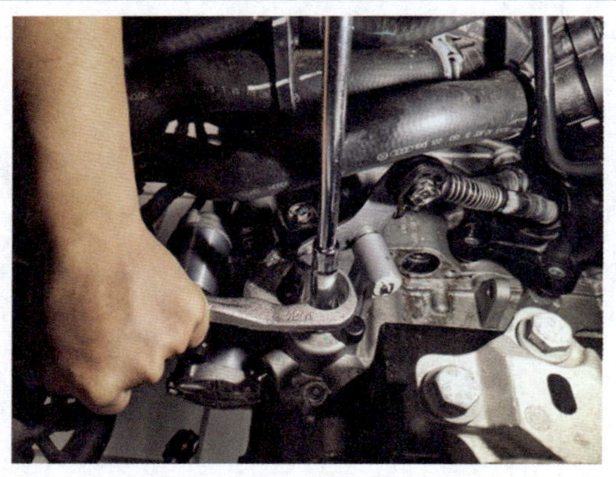	4. 拆卸下换挡杆。 提示：下换挡杆由一对螺栓和螺母固定。

四、拆卸变速器外围附件

	1. 拆卸轮速传感器。 提示：使用套筒工具拆卸轮速传感器固定螺栓，拔下轮速传感器线束插头时，应捏住插头向外拔出，不可拉拽线束。

<table>
<tr><td></td><td>2. 拆卸氧传感器。
（1）拔下氧传感器线束插头。
（2）取下氧传感器。</td></tr>
<tr><td></td><td>3. 拔下倒车灯开关线束插头。</td></tr>
<tr><td>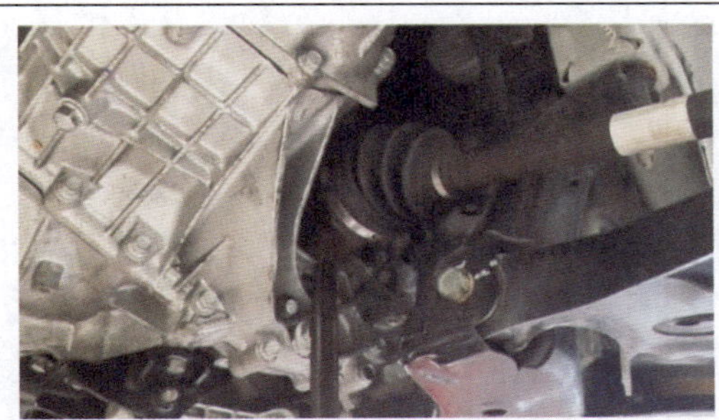</td><td>4. 拆卸左、右半轴。
提示：将半轴从变速器上拆下，并固定好。</td></tr>
<tr><td></td><td>5. 安装千斤顶。
提示：随时调整举升机和千斤顶的高度。</td></tr>
<tr><td></td><td>6. 拆卸变速器固定螺栓，并使用球头分离器压出分离杠杆球头。
提示：配合使用千斤顶进行托举。</td></tr>
</table>

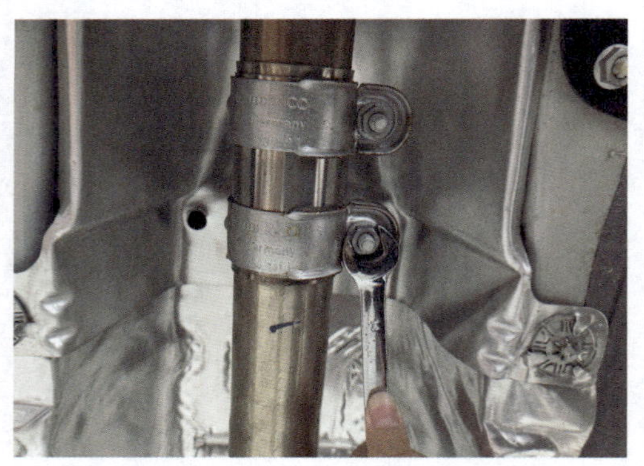

7. 拆卸第 2 节排气管。

提示：拆卸螺栓和螺母时，应分 2~3 次拧松。

8. 拆卸排气管固定支架。

提示：如果螺栓因高温氧化而锈蚀，难以拆卸，可先喷螺栓松动剂除锈，然后再拆。

9. 拆卸起动机总成固定螺栓，使其与变速器壳体分离。

五、拆卸变速器总成

1. 拆卸减振垫下支架固定螺栓。

	2. 拆卸上支架固定螺栓。
	3. 使用撬棒将变速器与发动机分离，抬下变速器总成。 提示：抬下变速器总成的过程中要注意安全。
	4. 放置变速器总成。 提示：用翻转台架固定变速器总成，以防发生安全事故。

六、拆卸离合器

	1. 安装离合器对心工具。 提示：找准定位中心。
	2. 拆卸离合器总成固定螺栓。 提示：分 2~3 次对角拧松螺栓。

	3. 取下离合器总成。 提示：取下时，避免离合器摩擦片掉落。
	4. 取下离合器摩擦片。 提示：离合器摩擦片表面不应沾染油污，以防装复后造成摩擦片打滑。

七、检查离合器

	1. 检查离合器摩擦片和离合器表面是否严重磨损。 提示：检查是否脏污、点蚀、锈蚀。
	2. 使用游标卡尺测量离合器摩擦片表面到铆钉的深度。 提示：测量四个点，极限值为0.3mm。

八、拆卸中央继电器盒

	1. 拆卸仪表板左侧盖板。
	2. 拆卸组合开关下护罩。 （1）拆下组合开关下护罩固定螺钉。
	（2）取下组合开关下护罩。
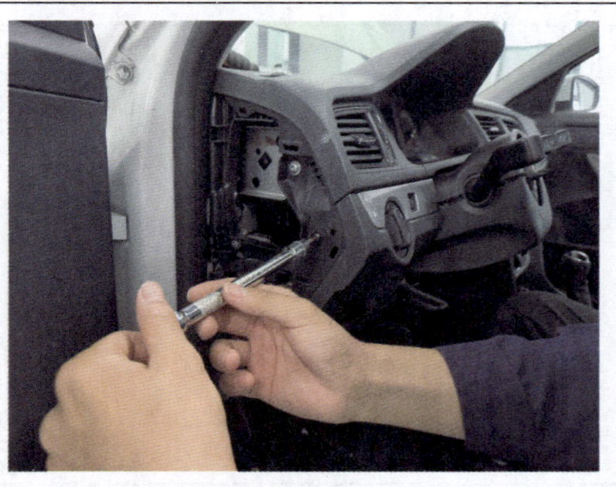	3. 拆卸仪表板左下护罩。 （1）拆下仪表板左下护罩固定螺钉。

	（2）取出仪表板左下护罩。
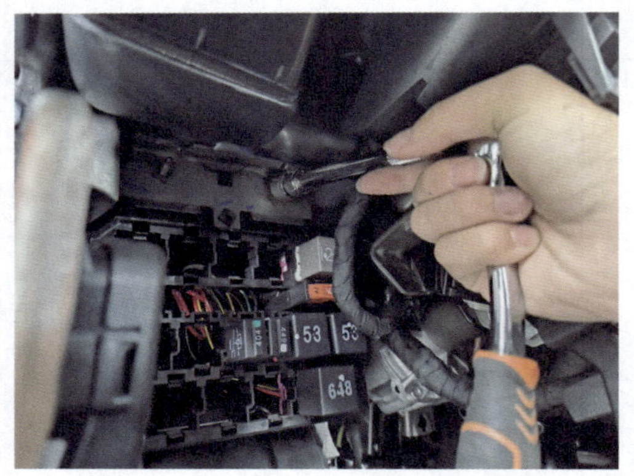	4. 拆卸中央继电器盒固定螺钉。
	5. 向外拉出中央继电器盒。 **注意：** 不可过多拉拽中央继电器盒，以防损坏插头和线束。

九、拆卸离合器总泵

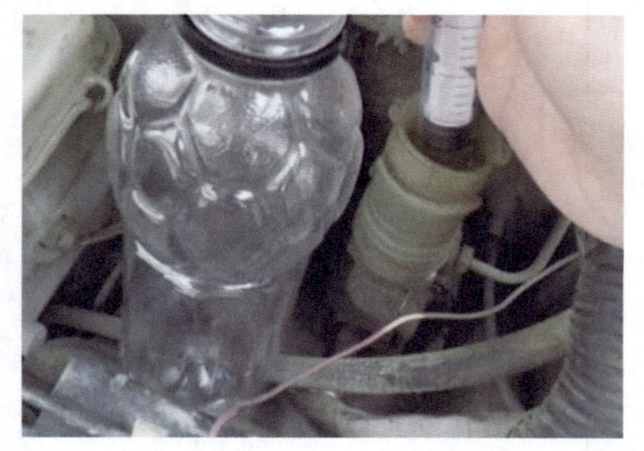	1. 抽出离合器总泵油罐内的旧油液。

	2. 分离油罐与油管。
	3. 分离离合器总泵与离合器踏板的连接。
	4. 拆下离合器总泵固定螺栓。
	5. 取出离合器总泵并检查。 提示：检查是否有裂纹、破损。

十、操作后整理

按照“8S”管理规定打扫卫生，整理实训场地。

任务3　变速器和离合器的安装

实训目标

1. 能按照规范流程完成变速器总成的安装。
2. 能按照规范流程完成离合器和离合器总泵的安装与调整。
3. 能总结变速器和离合器安装中的注意事项。

实训器材

1. 实训车辆（以大众朗逸为例），举升机，千斤顶，翻转台架，零件车，工具车等。
2. 常用工具，汽车专用工具（如离合器对心工具等），离合器液压油，吸油纸，抹布等。
3. 维修手册。

技能训练

一、操作前准备

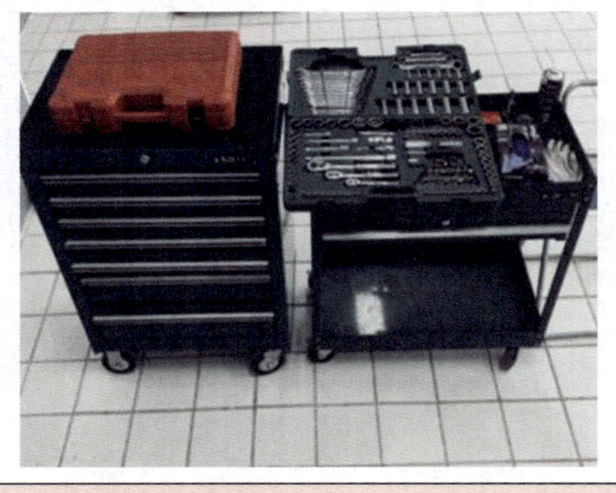	将工位清理干净，准备好相关的器材。

二、装复离合器总泵

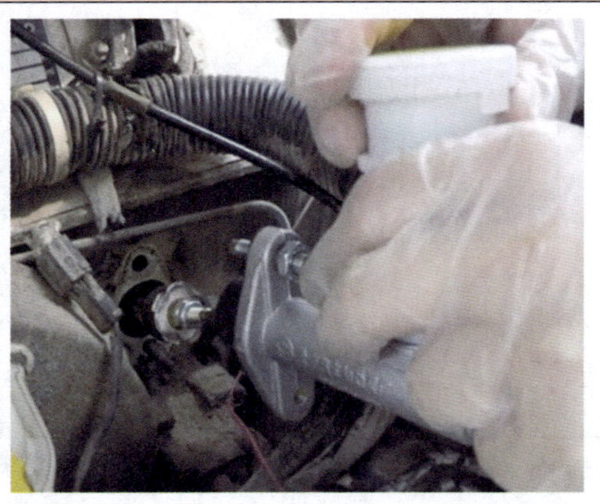	1. 将离合器总泵安装到位。 **提示：**按规定力矩拧紧离合器总泵固定螺栓。

	2. 安装开口销。
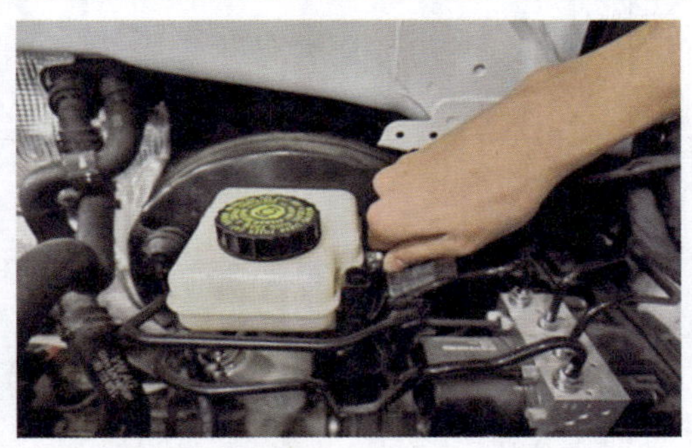	3. 安装离合器总泵出油管和进油管。

三、装复离合器

	1. 安装离合器摩擦片。 **提示：** （1）安装时，离合器摩擦片平面朝向飞轮。 （2）离合器摩擦片表面不应沾染油污，以防装复后造成离合器摩擦片打滑。
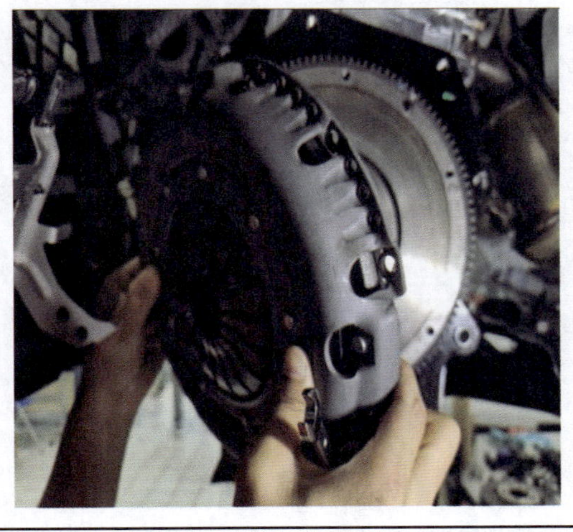	2. 安装离合器总成。

	3. 定位离合器摩擦片。 提示：用变速器输入轴插入飞轮或者使用离合器对心工具使离合器摩擦片定位。
	4. 按规定力矩拧紧离合器总成固定螺栓。 提示：分 2～3 次对角拧紧螺栓。

四、装复变速器总成

	1. 抬起变速器总成，将变速器总成上的输入轴对准离合器的从动盘，推入变速器总成。 注意：抬起变速器总成的过程中要注意安全。 2. 按规定力矩拧紧变速器与发动机之间的连接螺栓。 提示：分 2～3 次对角拧紧螺栓。 注意：保持发动机稳固，以防发生安全事故。

五、装复变速器外围附件

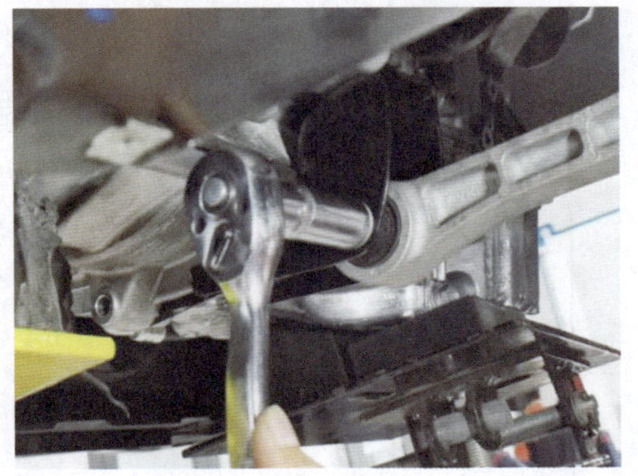	1. 按规定力矩拧紧上支架固定螺栓和减振垫下支架固定螺栓。
	2. 安装起动机总成。
	3. 安装排气管固定支架。
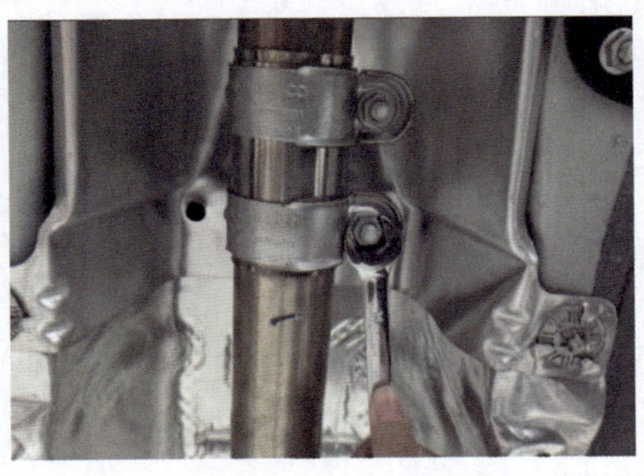	4. 安装第 2 节排气管。

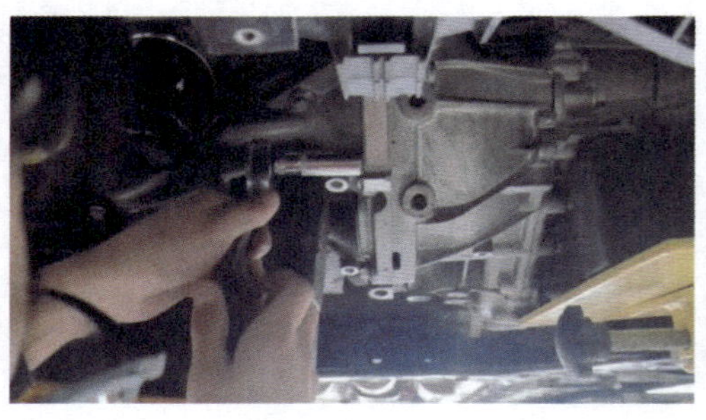	5. 按规定力矩拧紧变速器固定螺栓，安装分离杠杆球头。
	6. 安装左、右半轴。
	7. 安装氧传感器。
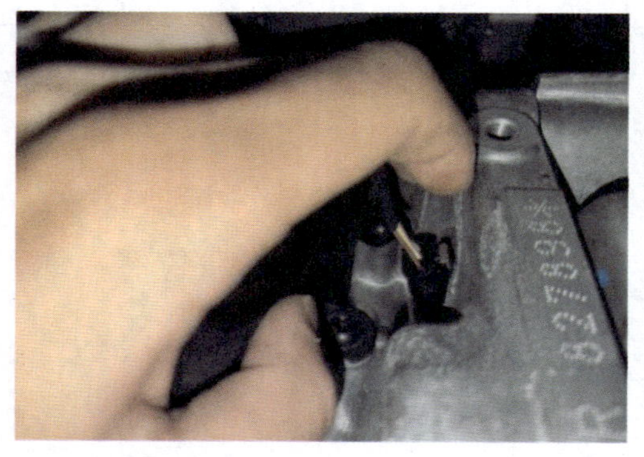	8. 安装倒车灯开关线束插头。

	9. 安装轮速传感器。

六、装复换挡杆

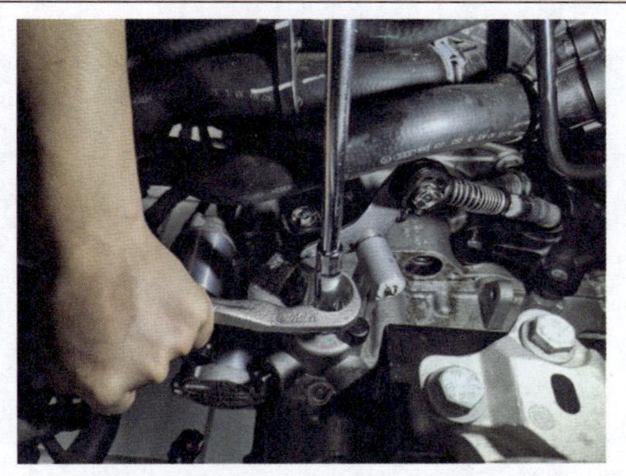	1. 安装下换挡杆。 提示：按规定力矩拧紧螺栓。
	2. 安装上换挡杆，使上、下换挡杆结合。
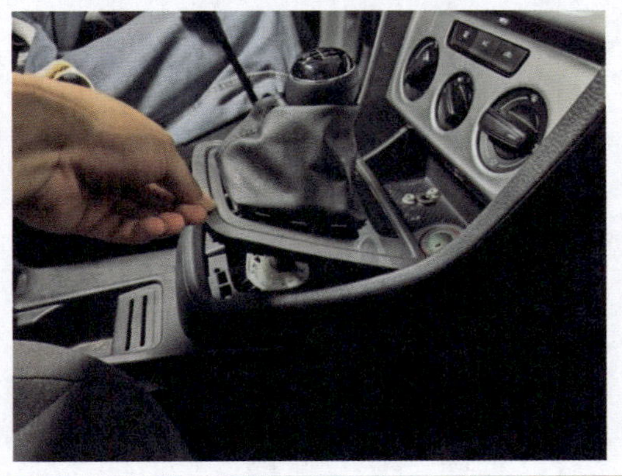	3. 安装换挡杆防尘罩。 提示：检查防尘罩是否损坏，若是，应更换。

<table>
<tr><td></td><td>4. 旋上换挡杆手柄。
提示：将手柄上的挡位图标调正。</td></tr>
</table>

七、调整离合器

<table>
<tr><td></td><td>1. 安装离合器工作缸。</td></tr>
<tr><td></td><td>2. 将组合管路插入离合器工作缸卡座中，并用夹箍进行紧固。</td></tr>
<tr><td></td><td>3. 安装空气滤清器壳体。</td></tr>
</table>

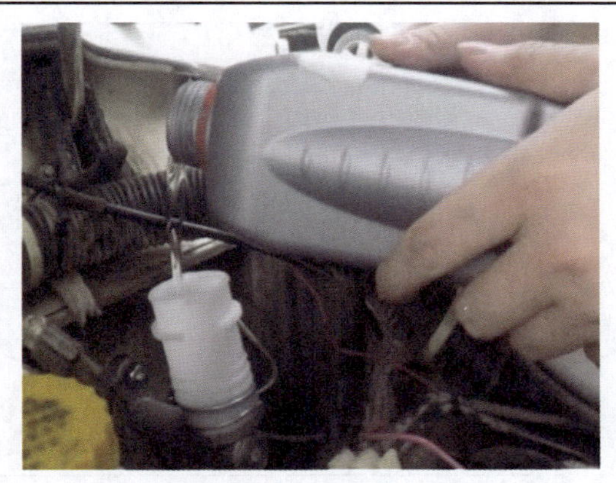

4. 加注离合器液压油。

提示：应将液压油加注到规定液面高度（上、下限刻度之间）。

5. 将软管连接离合器总泵放气孔。

6. 踩住离合器踏板，松开放油螺栓，直至软管中没有气泡。

提示：反复踩踏离合器踏板 10~15 次，并保持在踩下位置。

八、装复中央继电器盒

1. 将中央继电器盒装复到位。

注意：不可过多拉拽中央继电器盒，以防损坏插头和线束。

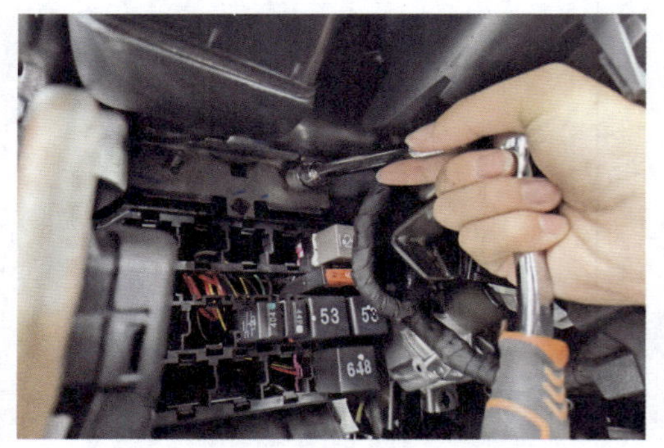	2. 按规定力矩拧紧中央继电器盒固定螺钉。
	3. 安装仪表板左下护罩。 （1）将仪表板左下护罩装复到位。
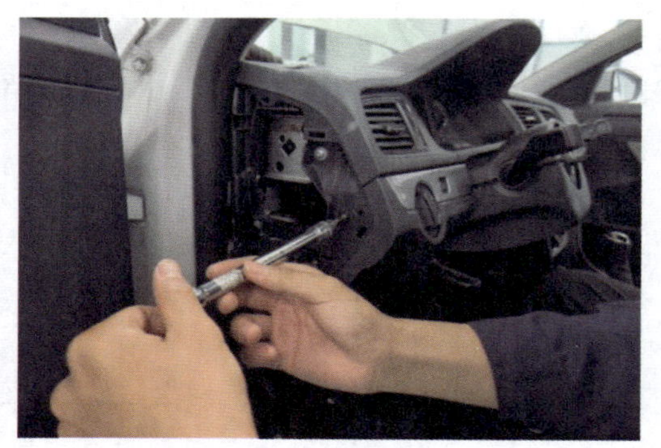	（2）拧紧仪表板左下护罩固定螺钉。
	4. 安装组合开关下护罩。 （1）将组合开关下护罩装复到位。

	（2）拧紧组合开关下护罩固定螺钉。
	5. 安装仪表板左侧盖板。
	6. 连接蓄电池负极电缆。

九、操作后整理

按照“8S”管理规定打扫卫生，整理实训场地。

任务4 主减速器和差速器的拆装

实训目标

1. 能按照规范流程完成主减速器和差速器的拆装。
2. 能描述主减速器和差速器的组成和功能。
3. 能总结主减速器和差速器拆装中的注意事项。

实训器材

1. 变速器总成（发动机前置、前轮驱动车型），翻转台架，台虎钳，零件车，工具车等。
2. 常用工具，汽车专用工具，油盆，吸油纸，抹布，防护手套等。
3. 维修手册。

技能训练

一、操作前准备

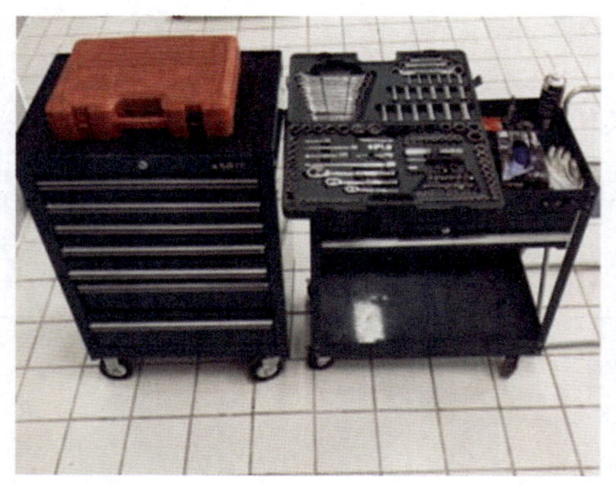	1. 将工位清理干净，准备好相关的器材。
	2. 将变速器总成固定在翻转台架上。 **注意：**安装后，仔细检查变速器总成是否稳固。 3. 将油盆置于变速器总成放油螺栓下方。 4. 松开放油螺栓，将变速器油放空。

二、拆卸半轴

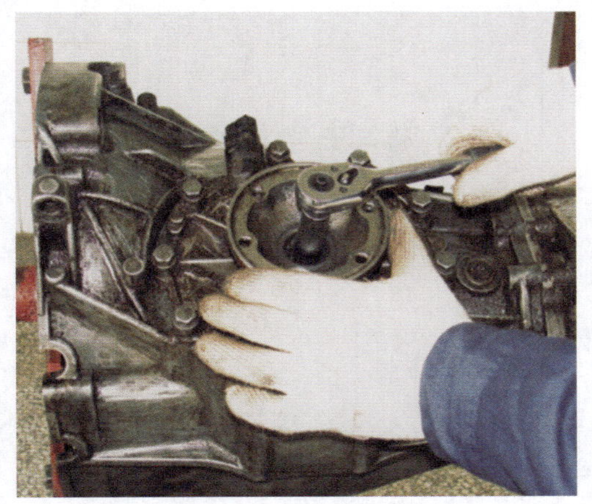

1. 拆卸左半轴固定螺栓。

提示：拆卸前，须将变速器挂入四挡，并锁住变速器输入轴。

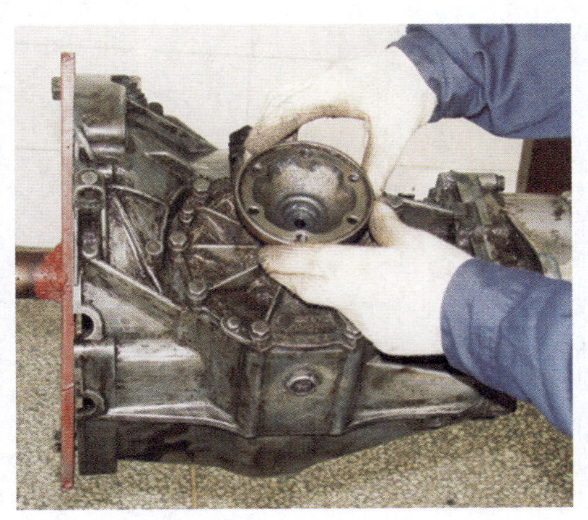

2. 取下左半轴。

提示：右半轴的拆卸方法与左半轴相同。

三、拆卸主减速器

1. 拆下车速传感器。

	2. 拆卸主减速器盖固定螺栓。 提示：此处有 10 个螺栓，分 2～3 次对角拧松。
	3. 取下主减速器盖。 提示：用橡胶锤轻轻敲击端盖，使其松动，拆下端盖。
	4. 取出主减速器总成。 提示：取出主减速器总成时，应避免零件掉落，以防发生安全事故。

四、分解主减速器

	 1. 在主减速器从动齿轮和壳体上做好标记。 提示：做标记的目的是保证装复时不发生错位。
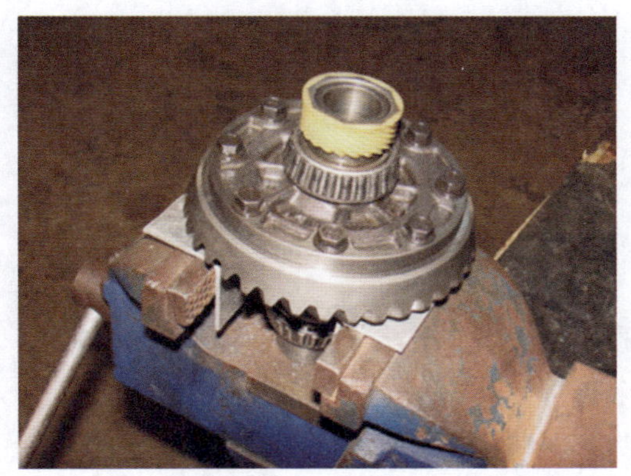	2. 将差速器壳体固定在台虎钳上。 提示：应用铝质的夹具固定差速器壳体，以防损坏。
	3. 拆卸主减速器从动齿轮的固定螺栓。 提示：此处有8个螺栓，分2~3次对角拧松。
	4. 取下主减速器从动齿轮。

五、分解差速器

	 1. 取下差速器轴锁销。 提示：用 ϕ4 mm 冲击销冲击，取下差速器轴锁销。
	2. 取下差速器轴。
	3. 转动行星齿轮。 提示：将行星齿轮转动 90°。
	4. 取出行星齿轮。 提示：行星齿轮有 2 个。

	5. 取出差速器半轴齿轮。 提示：差速器半轴齿轮有 2 个。
	6. 取下复合垫片。
	7. 拆卸后的零件按顺序摆放整齐，以便于组装。 提示：培养良好的工作习惯，有助于安全操作和提高工作效率。

六、组装差速器

按照与分解差速器相反的顺序进行组装，步骤如下：

1. 安装复合垫片。
2. 安装 2 个差速器半轴齿轮。
3. 安装 2 个行星齿轮。

提示：安装时，应使 2 个行星齿轮的轴孔对齐，否则差速器轴将无法装复。

4. 转动行星齿轮。

提示：

（1）将行星齿轮转动 90°。

（2）将 2 个行星齿轮的轴孔与差速器壳体上的轴孔对齐。

5. 安装差速器轴。

提示：将差速器轴上的销孔与差速器壳体上的销孔对齐。

6. 安装差速器轴锁销。

提示：使用铜棒将锁销轻敲到位。

七、组装主减速器

按照与分解主减速器相反的顺序进行组装，步骤如下：

1. 安装主减速器从动齿轮。

提示：安装时，注意对准分解时所做的标记。

2. 将差速器壳体固定在台虎钳上。

提示：应用铝质的夹具固定差速器壳体，以防损坏。

3. 按规定力矩拧紧主减速器从动齿轮的固定螺栓。

提示：此处有 8 个螺栓，分 2～3 次对角拧紧。

八、装复主减速器和半轴

	1. 将主减速器总成装复到位。 （1）将主减速器总成放入变速器壳体内。
	（2）安装主减速器盖。 **提示：**此处有 10 个螺孔，位置必须全部对正。

	2. 按规定力矩拧紧主减速器盖固定螺栓。 提示：分 2～3 次对角拧紧螺栓。
	3. 安装车速传感器。
	4. 装复半轴并按规定力矩拧紧固定螺栓。

九、操作后整理

按照“8S”管理规定打扫卫生，整理实训场地。

模块六 手动变速器的拆装与检修

任务1 手动变速器的分解

实训目标

1. 能按照规范流程进行手动变速器的分解。
2. 能描述手动变速器的组成。
3. 能总结手动变速器分解中的注意事项。

实训器材

1. 手动变速器总成，翻转台架，专用压床，零件车，工具车等。
2. 常用工具，汽车专用工具，油盆，吸油纸，抹布，防护手套等。
3. 维修手册。

技能训练

一、操作前准备

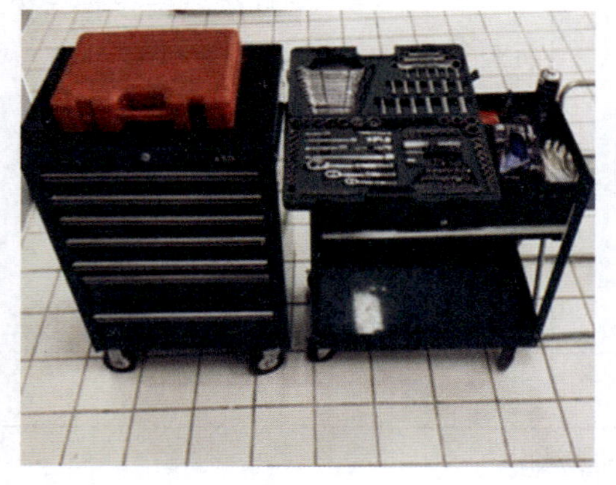	1. 将工位清理干净，准备好相关的器材。

	2. 将变速器总成固定在翻转台架上。 **注意：**安装后，仔细检查变速器总成是否稳固。
	3. 将油盆置于变速器总成放油螺栓下方。
	4. 松开放油螺栓，将变速器油放空。

	5. 拆卸主减速器总成。

二、拆卸后端盖

	1. 拆卸倒车灯开关。
	2. 拆卸变速器后端盖的密封盖。
	3. 拆卸输出轴固定螺栓。 提示：拆卸时需要锁住输入轴。

4. 拆卸后端盖固定螺栓。

提示：此处有10个螺栓，分2～3次对角拧松。

5. 取下后端盖。

三、分解后端盖

1. 拆下后端盖内换挡杆油封。

	2. 拆下内换挡杆的衬套。
	3. 取下挡油圈和后盖轴承。
	4. 拆下挡位定位销。

四、拆卸换挡操纵机构

	1. 拆卸五挡同步器总成、齿轮、滚针轴承和内衬套等。

（1）取出五挡拨叉锁销。

提示：用铜棒轻敲取出锁销。

（2）将拨叉向左转动。

提示：向左转动的目的是使拨叉离开滑杆，以便于拆卸。

（3）取出五挡同步器总成和齿轮。

提示：注意拨叉的方向。

（4）取出五挡滚针轴承。

提示：检查滚针轴承磨损情况，若磨损严重，应更换。

	（5）取出五挡内衬套。
	（6）取出垫圈。 提示：垫圈的作用是减小五挡齿轮端面与壳体间运动产生的磨损。
	2. 取出换挡拨叉轴。 提示：一边转动，一边向外拉出换挡拨叉轴。
	3. 取出一 / 二挡拨叉锁销。

	4. 取出一 / 二挡拨叉。
	5. 拆卸五挡常啮合齿轮固定螺母。
	6. 取出五挡常啮合齿轮。

五、拆卸壳体总成

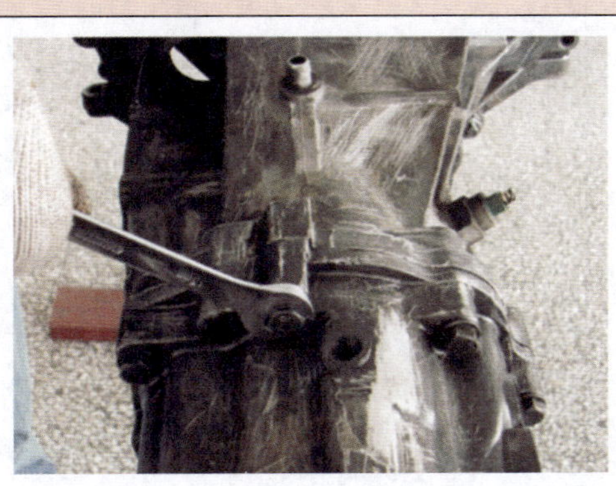	1. 拆卸壳体总成固定螺栓。 **提示：**此处有 11 个螺栓，分 2~3 次对角拧松。

<table>
<tr><td>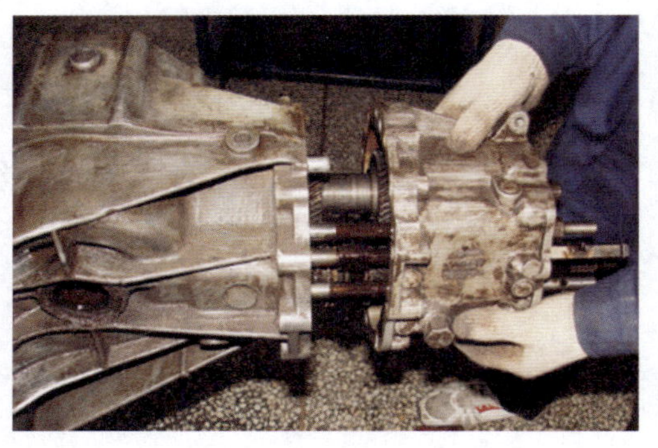</td><td>2. 取下壳体总成。
提示：如果壳体总成安装太紧，可用铜棒敲击固定位置，不可用旋具撬两接触面，以防漏油。</td></tr>
<tr><td colspan="2">六、分解五挡同步器总成</td></tr>
<tr><td></td><td>1. 取下五挡同步器齿圈。</td></tr>
<tr><td></td><td>2. 取下五挡同步器锁环。</td></tr>
<tr><td></td><td>3. 取下五挡同步器接合套。</td></tr>
</table>

	4. 取下五挡同步器滑块。
	5. 取下五挡同步器外滑块弹簧。
	6. 取下五挡同步器内滑块弹簧。
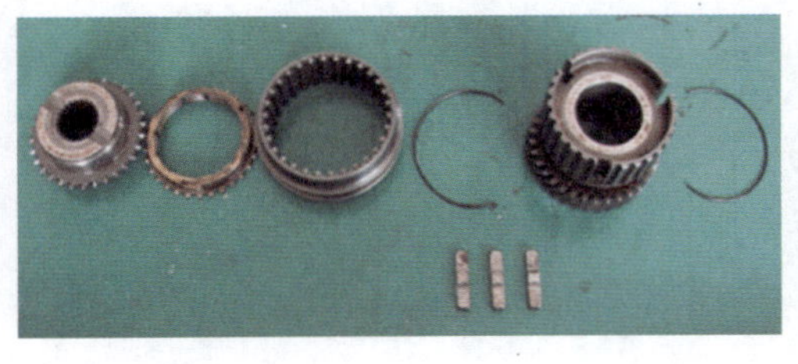	7. 按顺序将零部件置于工作台上，以便于检查与组装。

七、分解壳体总成

	1. 拆卸自锁装置。
	（1）取出一/二挡自锁螺塞。
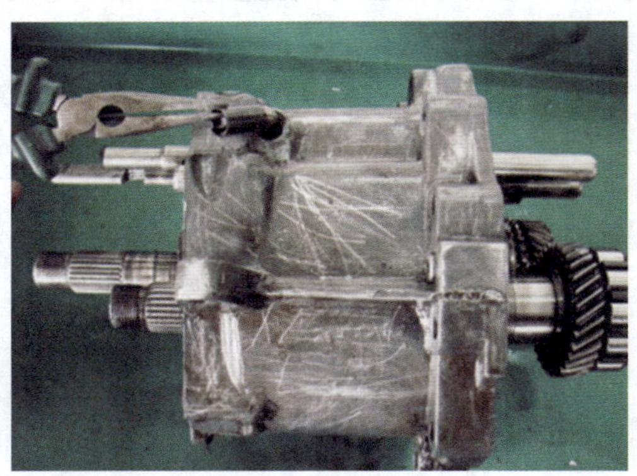	（2）取出一/二挡自锁装置。
	（3）取出三/四挡自锁螺塞。

	（4）取出三 / 四挡自锁装置。
	（5）取出倒挡自锁螺塞。
	（6）取出倒挡自锁装置。
	2. 拆卸倒挡拨叉。 （1）拆卸倒挡拨叉定位螺栓。

	（2）拆卸倒挡拨叉固定螺栓。
	（3）取出倒挡拨叉轴。
	（4）取出倒挡拨叉。
	3. 取出三 / 四挡拨叉轴。

4. 取出互锁装置。

提示：变速器在3根换挡拨叉轴之间装有4个锁球和1根锁销。当移动一根拨叉轴时，锁球便从该轴侧面的凹槽中挤出，而将另外两根拨叉轴锁住，从而保证同一时刻只能挂入一个挡位。

5. 拆卸输出轴隔垫固定螺栓。

6. 取出输入轴、输出轴。
7. 压出变速器齿轮。

提示：使用专用压床压出齿轮，以防损坏零件。

8. 取出倒挡轴。

	9. 取出倒挡齿轮。
	10. 拆卸输入轴的中间轴承卡环和轴承。

八、分解输入轴

	1. 拆下四挡齿轮卡环。 **提示：**使用卡簧钳拆卸，避免刮伤输入轴。
	2. 取下四挡齿轮。
	3. 取下四挡滚针轴承。 **提示：**滚针轴承为易损件，拆下时应检查是否损坏。
	4. 拆卸同步器卡环。 **提示：**检查同步器卡环是否损坏。

	5. 取出三 / 四挡同步器总成。
	6. 取下三挡齿轮。
	7. 取下三挡滚针轴承。

九、分解三 / 四挡同步器总成

	1. 取下同步器四挡锁环。

	2. 取下同步器三挡锁环。
	3. 取下同步器接合套。
	4. 取下同步器滑块。
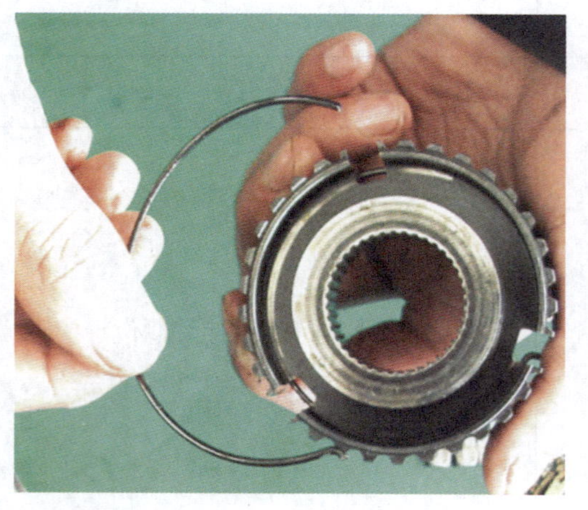	5. 取下同步器滑块弹簧。 提示：两面各有一根滑块弹簧。

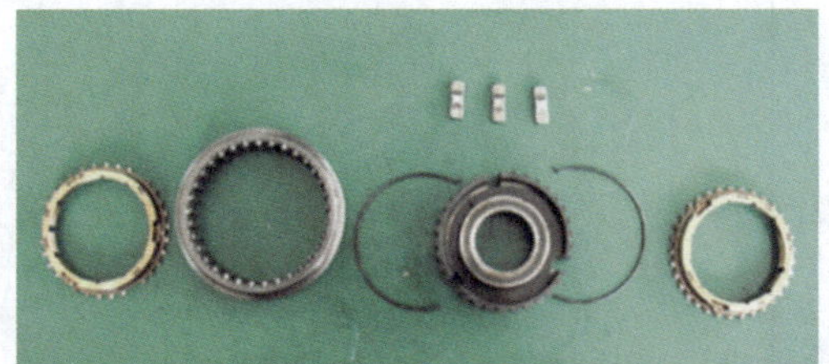	6. 按顺序将零部件置于工作台上，以便于检查与组装。

十、分解输出轴

	1. 拆下输出轴内后外轴承和外圈。 提示：使用专用压床压出输出轴内后外轴承和外圈。
	2. 拆下输出轴内后内轴承。
	3. 拆卸输出轴隔垫。
	4. 拆卸一挡齿轮。

	5. 拆卸一挡滚针轴承。
	6. 拆卸一挡轴承衬套。
	7. 取出一/二挡同步器锁环。
	8. 取出一/二挡同步器总成。
	9. 取出二挡滚针轴承、齿轮。
	10. 拆下三挡常啮合齿轮锁环。

	11. 拆卸三挡常啮合齿轮。 **提示：**使用专用压床压出三挡常啮合齿轮。
	12. 拆卸四挡常啮合齿轮。 **提示：**使用专用压床压出四挡常啮合齿轮。

十一、分解一/二挡同步器总成

	1. 取下同步器一挡锁环。
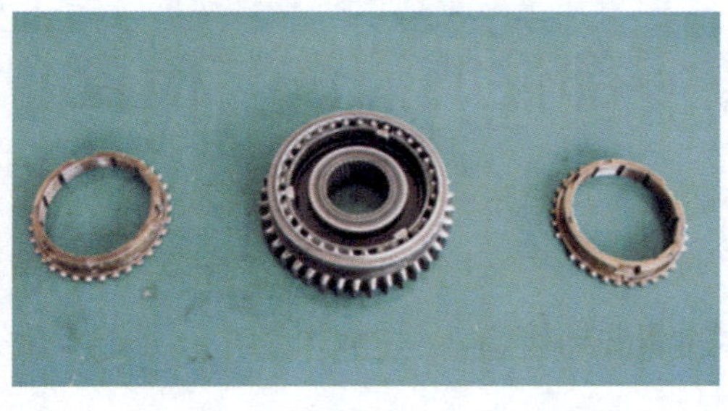	2. 取下同步器二挡锁环。
	3. 取下同步器接合套。

	4. 取下同步器滑块。
	5. 取下同步器滑块弹簧。 提示：两面各有一根滑块弹簧。
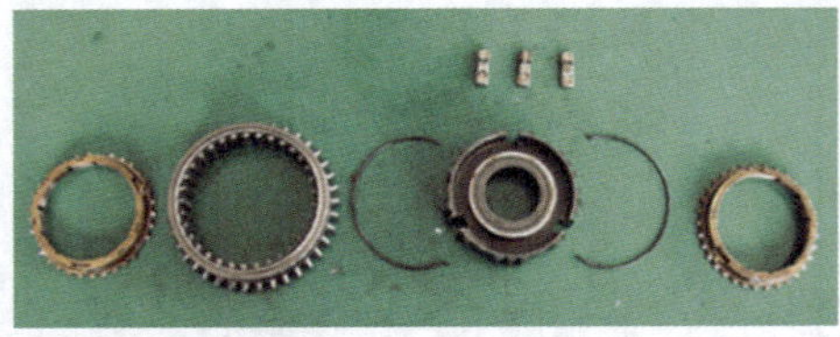	6. 按顺序将零部件置于工作台上，以便于检查与组装。

十二、操作后整理

按照“8S”管理规定打扫卫生，整理实训场地。

任务2 手动变速器零部件的清洗与检查

实训目标

1. 能按照规范流程完成手动变速器零部件的清洗与检查。
2. 能判断零部件的质量状况。
3. 能总结手动变速器零部件的清洗方法和检查要点。

实训器材

1. 手动变速器零部件，零件车，工具车等。
2. 常用工具，汽车专用工具，油盆，汽油（或溶剂），软毛刷，吹尘枪，吸油纸，抹布等。
3. 维修手册。

技能训练

一、操作前准备

将工位清理干净，准备好相关的器材。

注意：远离火源，以防引发火灾。

二、清洗零部件

1. 清洗壳体总成零部件。

提示：使用软毛刷和汽油（或溶剂）彻底清洗零部件。

注意：橡胶件、塑料件不可用汽油清洗。

2. 清洗各齿轮。

	3. 清洗各同步器总成零部件。
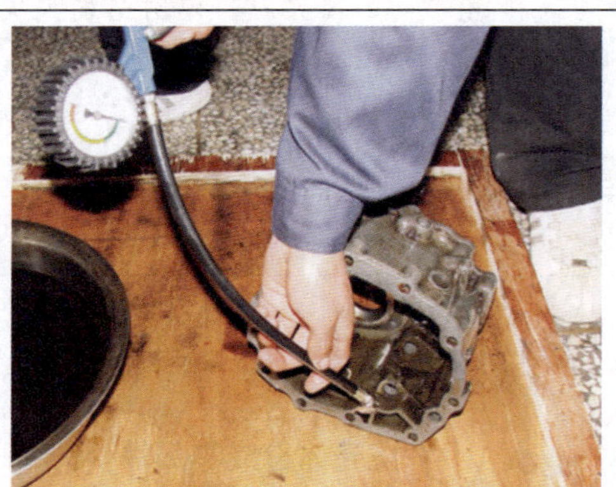	4. 吹干零部件。 提示： （1）用吹尘枪吹干零部件。 （2）为避免飞溅，可用抹布遮挡。

三、检查零部件

	1. 检查齿轮磨损情况。 提示：若齿轮出现偏磨，必须更换。
	2. 检查齿轮损坏情况。 提示：若齿轮出现断齿、裂齿（左图为损坏的齿轮），必须更换。

	3. 检查同步器接合套磨损情况。 提示：若齿尖磨损、滑块定位槽磨损，必须更换。
	4. 检查同步器锁环磨损情况。 提示：若齿尖磨损，必须更换。
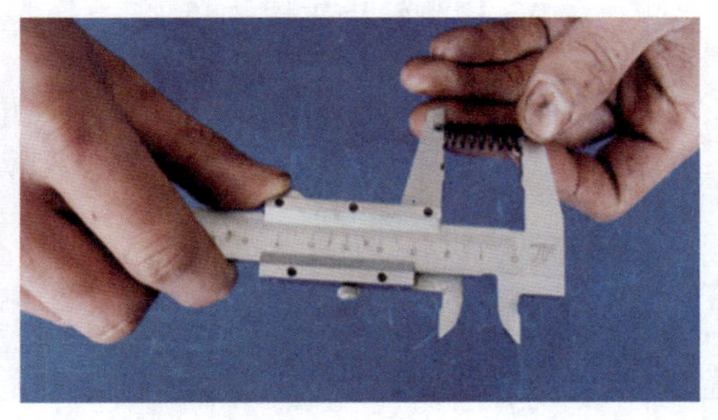	5. 检查自锁装置弹簧。 提示：检查弹簧的弹力和长度。
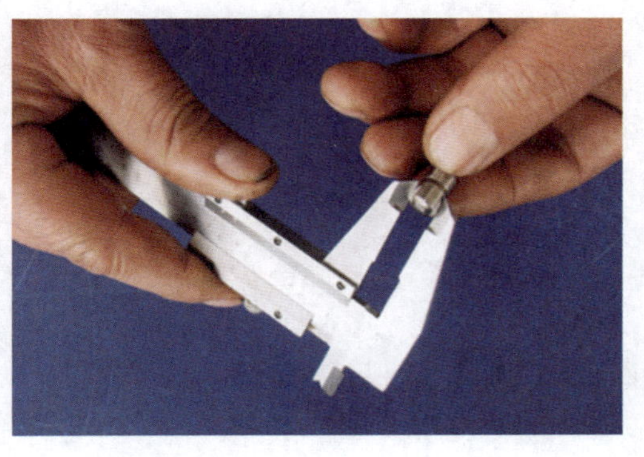	6. 检查互锁装置锁销。 提示：检查锁销的直径和磨损情况。

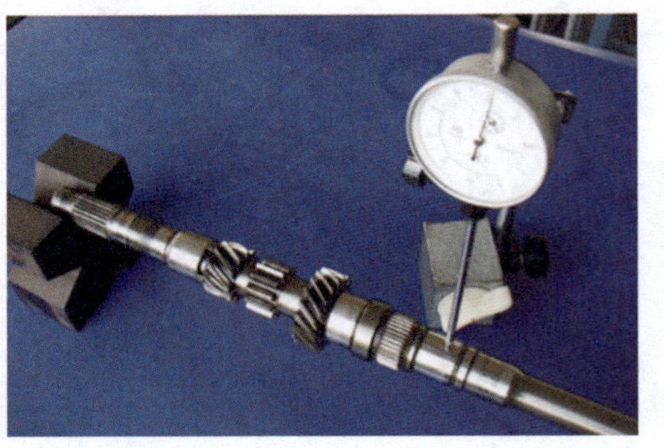	7. 检测输入轴弯曲度。 **提示：**将输入轴放置在V形架上，使用百分表进行测量。
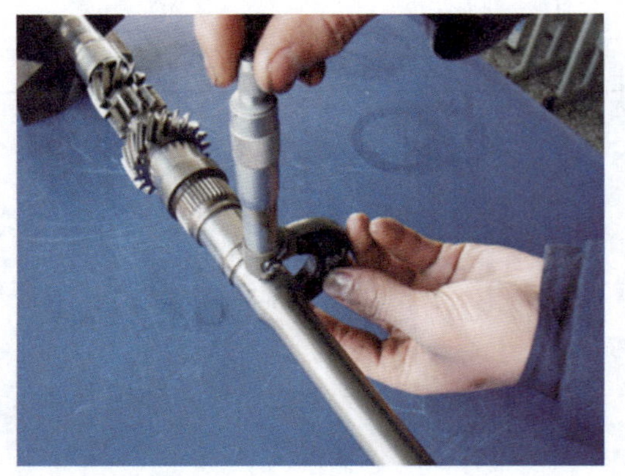	8. 检测输入轴磨损量。 **提示：**使用外径千分尺测量输入轴轴颈部位的磨损量。
	9. 检测输出轴磨损量。 **提示：**使用外径千分尺测量输出轴轴颈部位的磨损量。
	10. 检测壳体平面度。 **提示：**使用刀口尺和塞尺对中间壳体后端面进行平面度检测。

	11. 检查滚针轴承磨损情况。 提示： （1）检查滚针和保持架是否断裂。 （2）检查滚针是否松旷。
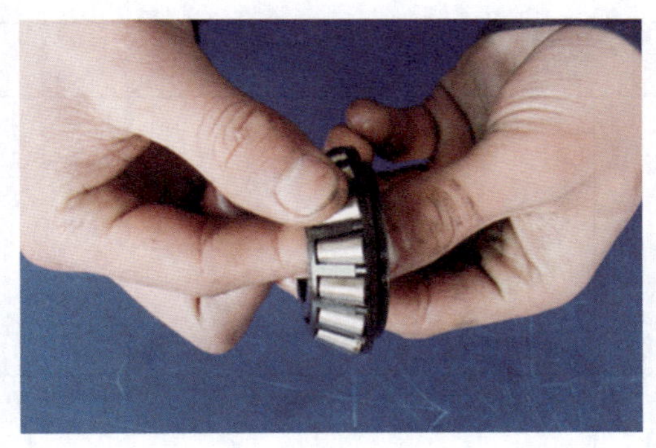	12. 检查圆锥滚子轴承磨损情况。 提示： （1）检查滚子和保持架是否断裂。 （2）检查滚子是否松旷。

四、操作后整理

按照“8S”管理规定打扫卫生，整理实训场地。

任务3 手动变速器的组装

实训目标

1. 能按照规范流程完成手动变速器的组装。
2. 能总结手动变速器组装中的注意事项。

实训器材

1. 手动变速器零部件，翻转台架，专用压床，零件车，工具车等。
2. 常用工具，汽车专用工具，吸油纸，抹布，防护手套等。
3. 维修手册。

技能训练

一、操作前准备

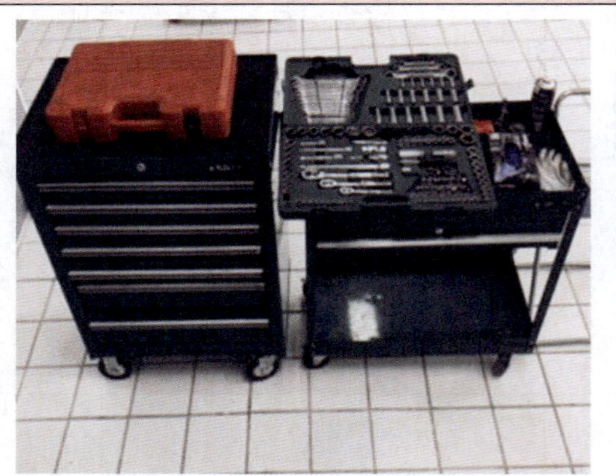	将工位清理干净，准备好相关的器材。

二、组装输出轴

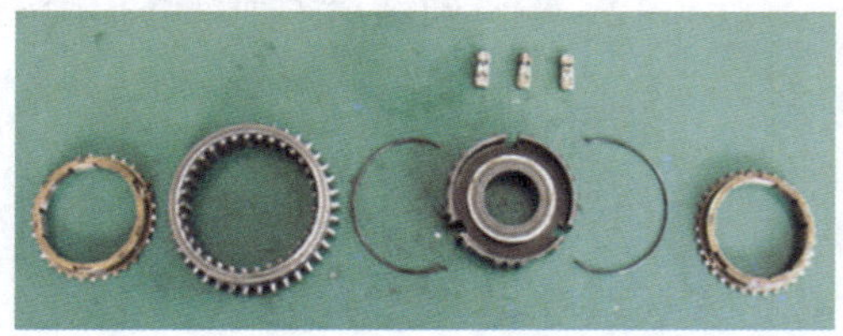	1. 组装一/二挡同步器总成。
	（1）将同步器齿圈装入同步器接合套。 提示：将齿圈的缺口对准接合套的凹槽后装入。
	（2）安装同步器滑块。 提示：将滑块的凸面对准接合套的凹槽方向。

	（3）安装同步器滑块弹簧。 **提示：** （1）两面各有一根滑块弹簧。 （2）安装滑块弹簧时，必须锁住3个滑块。
	（4）安装同步器锁环。 **提示：** （1）两面各有一个锁环。 （2）将锁环上的凹槽对准滑块安装。
	**注意：**一/二挡同步器总成损坏将导致不能顺利自如地挂入一、二挡挡位，并从变速器内部发出齿轮撞击声。
	2. 安装四挡常啮合齿轮。 **提示：**先装入前轴承，再使用专用压床压上四挡常啮合齿轮。

	3. 安装三挡常啮合齿轮。 **提示：使用专用压床压上三挡常啮合齿轮。**
	4. 安装三挡常啮合齿轮锁环。
	5. 安装二挡滚针轴承。
	6. 安装二挡齿轮。
	7. 安装一/二挡同步器总成、锁环。 **提示：同步器的方向不可安装错误，否则无法挂入挡位。**
	8. 安装一挡轴承衬套、滚针轴承。

	9. 安装一挡齿轮。
	10. 安装输出轴隔垫。
	11. 安装输出轴内后内轴承。
	12. 安装输出轴内后外轴承和外圈。 **提示：使用专用压床压上输出轴内后外轴承和外圈。**

三、组装输入轴

	1. 组装三 / 四挡同步器总成。

	（1）将同步器齿圈装入同步器接合套。 提示：将齿圈的缺口对准接合套的凹槽后装入。
	（2）安装同步器滑块。 提示：将滑块的凸面对准接合套的凹槽方向。
	（3）安装同步器滑块弹簧。 提示： （1）两面各有一根滑块弹簧。 （2）安装滑块弹簧时，必须锁住3个滑块。
	（4）安装同步器锁环。 提示： （1）两面各有一个锁环。 （2）将锁环上的凹槽对准滑块安装。

注意： 三 / 四挡同步器总成损坏将导致不能顺利自如地挂入三、四挡挡位，并从变速器内部发出齿轮撞击声。

2. 安装三挡滚针轴承。

3. 安装三挡齿轮。

4. 安装三 / 四挡同步器总成。

	5. 安装同步器卡环。 提示：卡环不可重复使用，必须更换。
	6. 安装四挡滚针轴承。
	7. 安装四挡齿轮。
	8. 安装四挡齿轮卡环。 提示：卡环不可重复使用，必须更换。

四、组装壳体总成

	1. 安装输入轴的中间轴承及其卡环。 提示：卡环不可重复使用，必须更换。
	2. 安装倒挡齿轮。

	3. 安装倒挡轴。
	4. 安装变速器齿轮。 提示：使用专用压床压入齿轮。 5. 安装输入轴、输出轴。 提示：将输入轴、输出轴一起装入壳体。
	6. 按规定力矩拧紧输出轴隔垫固定螺栓。 提示：将输出轴固定后拧紧螺栓。
	7. 安装互锁装置。

8. 安装三 / 四挡拔叉轴。

9. 安装倒挡拔叉。

（1）安装倒挡拔叉和倒挡拔叉轴。

（2）按规定力矩拧紧倒挡拔叉固定螺栓。

（3）按规定力矩拧紧倒挡拔叉定位螺栓。

10. 安装自锁装置。

11. 安装自锁螺塞。

提示：螺塞不可重复使用，必须更换。

五、装复壳体总成

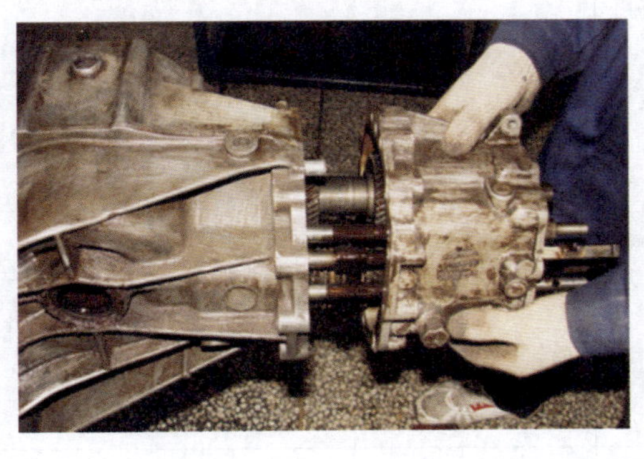

1. 将壳体总成安装在变速器前端盖上。

提示：安装时，5根轴应分别与里面的孔对齐。

2. 按规定力矩拧紧壳体总成固定螺栓。

提示：此处有11个螺栓，分2～3次对角拧紧。

六、装复换挡操纵机构

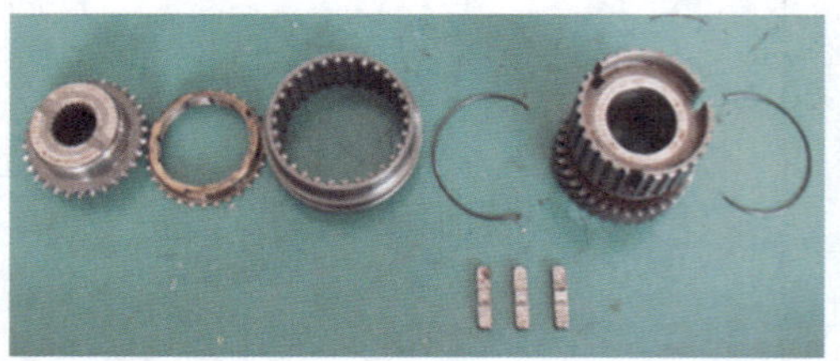

1. 组装五挡同步器总成。

（1）安装同步器内滑块弹簧。

（2）安装同步器滑块。

提示：

（1）将滑块的凸面对准接合套的凹槽方向。

（2）安装时，3个滑块必须用内滑块弹簧锁住。

（3）安装同步器接合套。

提示：将接合套的凹槽对准滑块后装入。

	（4）安装同步器外滑块弹簧。 **提示：**安装滑块弹簧时，必须锁住3个滑块。
	（5）安装同步器锁环。
	（6）安装同步器齿圈。
	2. 安装五挡常啮合齿轮。 （1）将五挡常啮合齿轮装入输出轴。

	（2）按规定力矩拧紧五挡常啮合齿轮固定螺母。
	3. 安装一 / 二挡拨叉及其锁销。 提示：用铜棒轻敲锁销到位。
	4. 安装换挡拨叉轴。
	5. 装复五挡同步器总成、齿轮、滚针轴承和内衬套等。 （1）安装垫圈。

	（2）安装五挡内衬套。
	（3）安装五挡滚针轴承。
	（4）安装五挡同步器总成和齿轮。
	（5）安装五挡拨叉锁销。 **提示：**用铜棒轻敲锁销到位。

七、组装后端盖

1. 安装后端盖内换挡杆油封。

提示：后端盖内换挡杆油封不可重复使用，必须更换新件。

2. 安装内换挡杆的衬套。

提示：内换挡杆的衬套不可重复使用，必须更换新件。

3. 安装挡油圈和后盖轴承。

	4. 安装挡位定位销。

八、装复后端盖

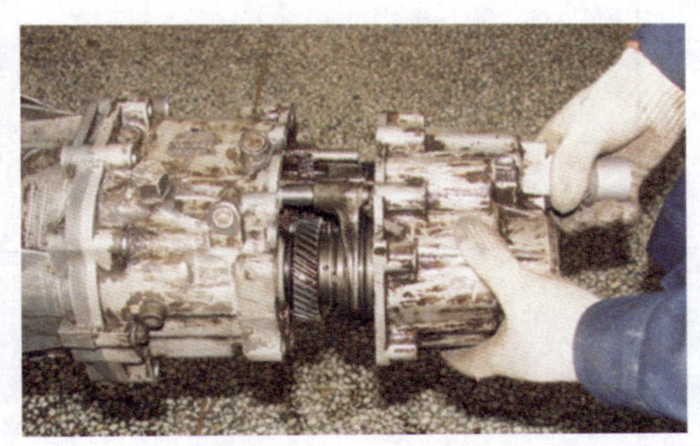	1. 装上后端盖。
	2. 按规定力矩拧紧后端盖固定螺栓。 **提示：**此处有10个螺栓，分2~3次对角拧紧。

	3. 拧紧输出轴固定螺栓。 **提示：操作时，需要锁住输入轴。**
	4. 安装变速器后端盖的密封盖。
	5. 安装倒车灯开关。

九、操作后整理

按照“8S”管理规定打扫卫生，整理实训场地。